mini版

ひとりっ子を伸ばす母親

教育環境設定コンサルタント
作家
松永暢史

アスコム

はじめに
ひとりっ子の子育てと勉強は、こうやればうまくいく！

みなさん、こんにちは。

教育環境設定コンサルタントの松永暢史《のぶふみ》です。私は東京でV－net（ブイネット）という教育相談事務所を主宰《しゅさい》し、毎日さまざまな子どもたちと接しています。

コンサルタントをする前は、40歳までプロの家庭教師としてあちこちのおたくを訪問し、マンツーマンで子どもの勉強を見てきました。

できない子ができる子に変身する瞬間に立ち会うことは、とてもうれしいことですし、面白いことでもあります。それが何よりも楽しくて、私は学生時代からずっと家庭教師を続けていました。

しかし、20年ほど前から、どんなに教えてもダメな子どもたちが現れ始めました。手取り足取り教えても、まったく反応がないのです。「新種が現れた」と思いました。

「新種」の特徴を挙げてみましょう。三つ、あります。

まず、表情がない。疲れ切ったサラリーマンのように、表情に全く生気が感じられません。

二つめ、挨拶《あいさつ》ができない。「こんにちは」とこちらが挨拶しても、あちらを向いたまま、かすかにあごを振るだけです。

三つめ、何を聞かれても「まあ」とか「別に」とぼそりとつぶやくのみ。どの子もまだ10代前半なのに、子どもらしさがまったくないのです。

「こういう子どもたちが増えてきたのは、なぜだろう?」

しばらく考えて、わかりました。

彼らの多くはひとりっ子だったのです。

あるいはひとりっ子でなければ、兄弟の少ない長男、長女です。

今の子どもたちは昔のように汗をかいて集団で遊ぶかわりに、個人個人でテレビゲームに時間を費やしたり、夜遅くまで進学塾に通っています。子どもならではの野性的なエネルギーを発散させる場が、非常に少なくなっているのです。

そのため、コミュニケーション能力に欠けていたり、与えられたものをただ受け取るだけの好奇心の乏しい子どもができあがってしまうのです。

「松永先生、この子は小さいころは素直だったのに、最近は勉強させようとしても私の言うことをまったく聞いてくれません。もうどうしていいかわかりません」

そう言って、私の目の前で泣き出すお母さんが後を絶ちません。お母さんの隣では、中学1、2年の無表情の「モンスター」がつまらなさそうな顔であっちを向いています。

「お母さん、進学塾に通わせれば子どもが自動的に賢くなると思ったら大間違いです。小学生時代からむりやり塾に通わせて勉強嫌いにする前に、もっと基礎的な生活習慣や学習能力を養うべきでしたね。この子にとって必要な環境は何か、もう一度、一緒に考えてみましょう」

花の種を地面にまくと、芽が出ます。すぐに勢いよく伸びてくるものもあれば、なかなか伸びないものもある。それぞれがどんな花を咲かせるかは、はた目にはまったくわかりません。子どもだって、同じです。

ある程度時間をかけて見守らないと、子ども自身が備えている力を発揮することができません。

今のお母さんは、進学塾に通わせたうえに「早く勉強しなさい」「宿題はもうやったの?」「塾に行く時間よ」などと子どもを追い立てがちです。

しかし、焦りは禁物です。

子どもの学力は、実は14歳になるまでは未知なのです。12、13歳までずっとビリだった子が、14歳から勉強の面白さに目覚め（あるいは勉強のコツを体得し）、信じられないほど成績が伸びていくことは決して珍しくありません。

焦らなくても大丈夫。「隣の子が塾に通っているから、うちも」ではなく、もっとゆったり、子どものペースに合わせて愛情を注いであげてください。

少子化の時代になった今、ひとりっ子がどんどん増え、「子どもをどう育てたらいいのかわからない」「子どもとどう接すればいいのかわからない」と悩むお母さん、お父さんが増えています。

この本は、ひとりっ子の育て方を模索中の、あるいは初めての子どもの育児に悩むお母さんのために書きました。

ひとりっ子が確実に幸せになるための最終目標は、ステキな異性と結婚して子どもをつくり、楽しい家庭をつくること。親のあなたがいつの日かこの世を去るとき、「今までありがとう、お母さん。僕たち（私たち）、家族で力を合わせて幸せになるから安心してね」と手を握ってくれること。これが、子どもにとっても親のあなたにとっても、最高に幸せなことではないかと思います。

では、わが子を「ステキな異性と結婚できる人間」に育てるにはどうすればいいでしょうか。

答えは、本書をお読みになればわかるでしょう。

あなたとあなたのお子さんが、本書をヒントにして、最高に幸福な人生を歩まれますことを心より期待しています。

著者

目次

目次

目次

第1章

ひとりっ子の子育て、何が本当の問題なの？

今どきの子どもの世界は親の世代とは一変している

私が子どものころ、近所には遊び仲間がたくさんいました。

ガキ大将（懐かしい言葉ですね）を筆頭に近所の子どもたちが徒党を組み、寒い季節は鼻水を垂らしながら、暑い季節は汗だくになりながら、野原や空き地を駆け回って遊んだものです（１９６０年代までは、東京にも空き地がまだたくさんありました）。

リーダー役のガキ大将は、集団のまとめ役です。どの子にもだいたい分け隔てなく接し、ケンカを両成敗したり、一人でぽつんと遊んでいる子に声をかけたり、家からアメ玉などのお菓子を持ってきて、みんなに分け与えてやったりしていました。

当時はどこにもたいてい一人や二人、強くて頼もしくてやさしいリーダーがいて、近所の子どもたちを率いていたのです。

大将になるのはたいてい長男で、なかには五人兄弟の一番上なんていう子もいました。たとえ家が貧しいなど、親たちが問題を抱えていても、子どもには子ども独自の、キラキラ輝く世界があったのです。

親のほうも、「子どもには子どもの世界がある」と、よけいな口出しをめったにせず、子ども社会を温かく見守っていました。子どもは子どもの集団のなかで、せっせとイモ洗いのごとく、揉まれていたのです。

40年代から70年代生まれくらいの子どもたちは、そうやって、近所の子ども同士や兄弟間で、泣いたり、怒ったり、許したり、笑ったりと、あらゆる感情を味わい、さまざまな出来事を体験しながら成長し、大人になっていったのです。

では、今はどうでしょう？

この本を読まれているのは70年代以降に生まれたお父さん、お母さんがほとんどだと思いますが、あなたの周囲に、子どもはたくさんいますか？

「そういえば、昔に比べるとめっきり少なくなった気がするわ」

「同じ団地内でも、子どもが集団で遊んでいるのをめったに見かけない」

そんな人も、少なくないのではないでしょうか。

実は子どもの数は今、70年代前半当時の約半分に減っているのです。

出生数が最も多かったのは、1947年から49年にかけての第一次ベビーブームです。毎年約270万人が生まれました。第二次世界大戦が終わり、みんながホッとして一斉に子どもをつくったのです。このときに誕生した人たちを総称して、「団塊の世代」と呼びます。

第二のピークは、71年から74年にかけて。団塊の世代の子どもたち、つまり「団塊ジュニア」と呼ばれる人たちで、出生数は毎年200万人を超えています。

その後は減少の一途をたどり、21世紀を記念して2000年、01年に誕生した「ミレニアム・ベイビー」がいっとき話題にのぼりましたが、統計上、めぼしい増加はほとんど見られませんでした。

そのまま出生率低下の波はとどまることなく落ち込み、09年は約107万人でした。第二次ベビーブームの約半分です。

子どもの数の減少に伴い、私のところに相談に訪れる親御さんも、数年前までは二人兄弟、三人兄弟の子どもを持つ親がほとんどだったのですが、今はひとりっ子の親が急増しています。

どちらがよくてどちらが悪いということは一概には言えないのですが、「どうやって育てたらいいのか、迷います」「わが子ながら、何を考えているのかわかりません」と訴えてくるのは、たいていひとりっ子の親なのです。

では、「ひとりっ子」とは、いったい、どんな人間なのでしょう?

ポイント

子どもの数が減り、ひとりっ子が急増している
子育てに迷うのはひとりっ子の親

兄弟がいても「ひとりっ子」になる！

「ひとりっ子」には、いくつかのパターンがあります。

一つは初子《はつご》、つまり長男長女。弟や妹が生まれるまでの期間は、必然的に誰でも「ひとりっ子」なのです。

さらに、年上の兄や姉がいる場合でも、年が離れていたら、ひとりっ子のようなもの。あるいは兄弟姉妹と離れて暮らしている場合も同じです。

そして、ずっと兄弟姉妹がいない子ども。文字どおり、正真正銘の「ひとりっ子」です。

そう考えてみると、かなりの数のひとりっ子が、世の中に存在することになります。何も、特別な存在ではないのですね。

それでも、「松永先生、私は三人兄弟だったので、ひとりっ子をどう育てたらいいかわかりません」「本や雑誌で、〝ひとりっ子を育てるのは難しい〟とよく書いてありますが、本当にそうなんですか？　将来、うちの子が何か問題を起こしたらどうしましょう」と憂鬱《ゆううつ》な顔をして私の事務所を訪れたり、電話をかけてくる人が後を絶ちません。

そんなとき、私はまず、こう答えます。

「兄弟のいる子とひとりっ子、どちらがよくてどちらが悪いということは、一概には決められません。

兄弟のいる子にメリットとデメリットがあるように、ひとりっ子にもひとりっ子ならではのメリットとデメリットがあります。育つ環境によって、それぞれ固有の人格形成がなされるのです。親御さんはまずそれをしっかり理解してから、子育てをするといいでしょう」

ポイント

**兄弟がいても「ひとりっ子」のケースは珍しくない
ひとりっ子ならではのメリットとデメリットをまず理解する**

ひとりっ子のメリットとデメリット

では、ひとりっ子のメリットについて考えてみましょう。

「ひとりっ子は六つの財布を持つ」とよく言われますが、まず、比較的、経済的に恵まれているということが挙げられます。

両親はもちろん、父方の祖父母、母方の祖父母から愛情が集中するわけですから、着るものやおもちゃ、おやつなどには不自由しませんし、学費を気にすることもなく、将来は好きな学校を選択できるわけです。

相続争いの心配もありませんし、親の愛情を独り占めすることもできます。

こう考えてみると、「ひとりっ子はなんて恵まれているのだろう」と思ってしまいますね。

でも実際には、そんなに単純な話ではないのです。

では、ひとりっ子のデメリットを考えてみましょう。

ひとりっ子は、家の中に対峙《たいじ》すべきほかの子どもがいません。つまり、自分と競合する異性、あるいは同性の子どもがいないのです。

まわりにいるのは、大人だけ。大人は当然、子どもよりものがわかっていますから、子どもが「危険」に至る状態をあらかじめ察知して回避するなど、先回りしてトラブルに対処することができます。

しかし子どもにしてみれば、「ここまでは大丈夫だけれど、ここからは危険」ということを体験するチャンスが少ないのです。

男の子の場合、「兄弟と争って何かを得る」ということがなく、常に母親が秘書のように付き添い、あれこれ面倒を見るケースが多いのが特徴です。

その結果、自分でなかなか物事を判断できず、いざというとき決断ができない「マザコン息子」ができてしまうのです。

女の子の場合、「かわいい、かわいい」と親や祖父母が褒め、何でも買い与える結果、「願ったことはすぐに叶う」と誤解し、協調性のないわがままな娘になる可能性があります。

男の子にしても女の子にしても、兄弟がいれば「お前、それは違うぞ」「自分だけそんなわがままを言ったって、通らないよ」と間違いを正されたり、「お姉ちゃんはこうだけど、私は違うんだ」と、自分と他者との違いを認識できます。

異性の兄弟姉妹がいる場合、「男の子と女の子の体は違う」とか「男はこう考えて行動するけど、女はそうは考えない」と身をもって知ることができます。

しかしひとりっ子には、それがありません。これは、成長して異性とつきあうとき、かなり不利です。

人は、他者と接することで「自分とは何者か」を知ることができます。しかし一人で過ごす時間が多いひとりっ子は、なかなか自分を客観視することができません。

そのため甘やかされて育った子は、大きくなってから、人間関係や恋愛で苦労することが多いのです。

ひとりっ子の親は、そのことをしっかり認識する必要があるでしょう。

ポイント

メリット：ひとりっ子は六つの財布を持っている
デメリット：「マザコン息子」「わがまま娘」になりがちである

こんなに誤解されている ひとりっ子の実態

ひとりっ子というのは、世間から何かと誤解されやすい存在です。

「あそこの家はひとりっ子」と聞いて、子どもに「一人じゃ寂しいでしょう?」とか、「ひとりっ子じゃかわいそうだから、お父さんお母さんに二人目をつくってもらったら」と口を出す人がよくいますが、当事者にとっては大きなお世話だと思います。

なぜなら、ひとりっ子である本人は生まれたときから兄弟姉妹がいないのですから、「寂しい」という感情は芽生えようがありません。あらかじめ兄弟がたくさんいて、何かの理由で一人ぼっちになってしまったら「寂しい」と思うかもしれませんが、最初から一人なのですから、何も感じようがないわけです。

逆に男二人兄弟は仲が悪い例が数多く見られたりします。

「ひとりっ子はかわいそう」というのも、誤った常識だと思います。親が亡くなったら家族が誰もいなくなるかもしれませんが、それがイヤだったら、本人が結婚すればいいだけの話です。結婚して伴侶《はんりょ》をつくり、子どもを持てば、自分の血は引き継がれていくのですから。

そんなことよりも問題なのは、「将来、結婚できないひとりっ子」に育ててはならないということです。

適齢期になっても一人前の異性として注目されない、結婚したくても誰も相手にしてくれない、仕方がないから一人で寂しく暮らすという人生は、あまりにも不憫《ふびん》です（あえて一人の人生を選ぶというなら、話はまた別ですが）。

前に述べたように、一人息子はマザコンに、一人娘はわがままになりやすい傾向があります。結婚というのは赤の他人と共同生活を営むことですから、マザコン男もわがまま女も、結婚相手に選ばれる確率はかなり低くなります。

あとで詳しく書きますが、子育ての究極の目標は、わが子が幸せな結婚をすることです。

お子さんが小さかったりするとピンとこないでしょうが、そこまで先を見通して子育てをするのがお子さんのためになるのです。

私の場合は、二人の子どもをもうけ、「将来、結婚できる子になるように」を目標に、子育てしています。しかし、これがなかなか大変で、思うようには行かないのですが（笑）。

ポイント

「ひとりっ子はかわいそう」は、誤った常識である
将来、結婚できないひとりっ子に育ててはならない

ひとりっ子には40の特徴がある

ひとりっ子とはどんな特徴を持っている子どもなのでしょうか？

人間は一人一人、個性がそれぞれ違いますから、「こういうのがひとりっ子の性格だ！」と簡単にカテゴライズすることはできません。

でも、私は教育相談という仕事がら、一般の人よりはかなり多くの子どもたちに接しています。

そこで、私から見たひとりっ子の特徴を挙げてみましょう。もちろん、当てはまらない項目もあるかもしれません。あくまでも参考として、読んでみてください。

- ●人目を気にせず、マイペース
- ●ポーカーフェイス。喜怒哀楽の感情が控えめ
- ●ホットよりはクール
- ●集団行動が苦手
- ●グループでわいわい騒ぐより、1対1のつきあいを好む
- ●一人きりで何時間でも過ごせる。特に寂しいとは思わない
- ●自分の興味のないことには全く無関心
- ●負けず嫌い。でも、負けはあっさり認める
- ●冷静。周囲の状況を見て意見を述べたり、行動できる
- ●人の顔色を見て、本心は「NO」でも「YES」と言うことがある
- ●誰とも波風を立てず、「中庸《ちゅうよう》」のスタンスを守る
- ●自己主張が苦手
- ●わからないことは素直に人に聞く
- ●甘え上手

- 責任を負うのが苦手
- センスがいい
- 人当たりがいい
- 礼儀正しい。挨拶がきちんとできる
- 行儀がよい
- ナイフとフォークをきちんと使いこなせる
- 感情をいつまでも引きずらない。淡泊な印象がある
- 自分なりのこだわりがたくさんある
- 「どうしても!」「何が何でも!」といった根性論とは無縁
- 必要以上に頑張らない
- 「イヤなものはイヤ」とはっきり言うより、それとなく避ける
- 敵・味方の区別をはっきりつけない
- 傷つくと、自分一人で修復しようとする
- 耳年増。大人の会話に普通についていける

●怒られても反抗しない。うなだれて聞いているか、無視する
●人の話を聞いているふりをするのが上手
●時間に関してはおおざっぱ
●家から出たがらない
●居心地のよい環境にこだわる。それがときに、周囲の目には神経質に映る
●自分のやり方にこだわる
●自分を大事にする
●自己犠牲の精神はあまりない
●「譲る」より「譲られる」ほうが好き
●損なことはしない
●自分を客観的に見るのが苦手
●「自分は特別」と思っているふしがある

いかがでしょう？

あなたの息子さんや娘さん、あるいは知り合いのひとりっ子に当てはまる項目は、全40項目のうち、いくつあったでしょうか。

「うちの子どもはひとりっ子ではないけれど、思い当たることが多い」ということもあるでしょう。もしかすると「ひとりっ子」の要素は、今どきの子どもすべてに内在する、共通のエッセンスなのかもしれませんね。

ポイント

ひとりっ子には40の特徴がある
「ひとりっ子の特徴」は、今どきの子どもすべてに内在している

親が心配するひとりっ子の三大不安要素

ひとりっ子が確実に世の中に増えていることを考えると、「現代っ子」とは、「ひとりっ子の特性を数多く兼ね備えた子ども」と言ってもいいかもしれません。

今どきの子どもを理解するには、「ひとりっ子とは何ぞや」を理解すると早いと言えるでしょう。

学力向上から学校問題、家族関係、友人関係、受験対処に至るまで、私はありとあらゆる教育相談に乗っていますが、最近では、ひとりっ子を持つ親御さんのご相談が多くなっています。それも子どもが複数いる親御さんよりも、かなり多いのです。なぜでしょうか。

お金をたくさんかけられるからです。

親が稼げるお金はある程度決まっていますが、子どもの教育にお金をかけようとすると、二人なら2倍、三人なら3倍のお金がかかります。「お兄ちゃんが通っているから、弟はただ」という塾はありません。ひとりっ子なら、多少無理してでも、お金をかけることが可能です。

で、ひとりっ子を持つ30代、40代の親御さんたちが心配するベスト3は何かというと、

①学校で仲間外れにされたらどうしよう
②ニートや引きこもりになったらどうしよう
③将来、結婚できなかったらどうしよう

この三つに絞られます。

教育コンサルタントの仕事を30年以上も続けている私の結論は、「夫婦

仲のよい家庭の子どもは、すくすく元気に育ち、成績も上位で、ニートにも引きこもりにもならない。年ごろになったらすんなり恋人ができて、周囲から祝福される結婚をする」ことが多いです。

ひとりっ子に限らず、すべての子どもが幸せに育つカギはただ一つ。親なのです。

親がしっかり生きていれば、子どもは何の問題もなく育つのです。

ポイント

ひとりっ子の教育にはお金をたくさんかけられる心配を払拭するには、親がしっかり生きること

賢い親なら知っている究極の子育て法とは？

本書を手にしているのは、「息子（娘）を幸せにしたい。そのために、親はどうしたらいいだろうか」と考えている方、あるいは子育ての途中で悩んでいらっしゃる方が大半だと思います。

子どもといえども、固有の人格と個性を持った一人の人間ですから、親の言うとおりには決してなりませんし、親の理想どおりには育ちません。

では、どうしたらいいのでしょうか。

究極の結論を申しますと、一番大切なのは、「子どもをどう育てるか」「子どもにどう接するか」ではなく、「親がどう生きるか」なのです。

親であるあなたが、人生の先輩としてまずお手本を見せてあげればいいのです。子どもにかまい過ぎず、子どもに頼り過ぎず、あなたはあなた自身の人生を生きてください。

もちろん子どもが困っているとき、助けを求めているときは、惜しみなく力を貸してあげましょう。

しかし通常の場合、親はひとりっ子にかまい過ぎる傾向があります。しかも、トゥーマッチのかまい方です。その結果、自分では何もできないマザコン息子や、わがまま放題の勘違い娘ができてしまうのです。

「うちの子は、学校に友達が一人もいません」

「いじめられているのか、学校に行きたがりません」

「ゲームに熱中しているとき以外は、何をしても無感動、無気力なんです」

「自分の部屋に閉じこもったまま、何日も出てきません」

「親に反抗するようになり、最近は暴力をふるうようになりました」

思いつめた顔で、私に打ち明ける親御さんが増えています。

しかし、いったんそうなってしまった子どもの軌道修正をするのは、かなり大変です。

あなたのお子さんは、あなたが大切な命を分けた、かけがえのない宝ものでしょう。その大切なわが子が最大限に幸せになれるよう、親のあなたは全力を尽くしてください。

では具体的にどうすればいいのか、次章からくわしく述べていきましょう。

ポイント

息子（娘）を幸せにしたいなら「親がどう生きるか」が肝心
かまい過ぎるから、マザコン息子や、わがまま娘ができてしまう

第2章

間違いだらけの教育常識が ひとりっ子を不幸にする！

愛情豊かなお母さんがはまる落とし穴とは？

お母さんが陥りやすい育児の罠《わな》の筆頭に挙げられるのが、「息子を愛し過ぎる」ことです。

子どもの歯磨きから着替え、食事、遊び、友達の選別、勉強に至るまで、「24時間つきっきりの秘書」になってしまうお母さんが、世の中には非常に多いのです。

なぜか。女性は愛情が豊かだからです。

あとからあとから泉のように溢れ出る愛情は、誰かに受け止めて吸収してもらう必要があります。子どものときは親が受け止め、年ごろになると恋人が受け止めます。

結婚すると夫が受け止めて吸収するわけですが、夫が家庭より仕事を優先する場合、女性は愛情の発散方法がなくなってしまいます。で、身近にいる異性のわが子にほこ先が向かうわけです。

子どもが何かしようとするとサッと先回りして「これでしょう」と差し出したり、「これ、食べてみない？　おいしいのよ」と無理やり高級なお菓子を食べさせたり、「ちょっと待って、危ないわ」と靴のひもを結び直したり……。

子どもにしてみれば、何もしなくても「秘書役」のお母さんが面倒なことをすべて自分の代わりにやってくれるので、何も考えることはありません。しかし、そういう状態が長く続くと、一人息子は確実に「マザコン」になります。

「マザコンのどこがいけないの？」とおっしゃる人もいるでしょう。

ダメなのです。

なぜかと言えば、世の中の大半の女性にとって、マザコン男は結婚の対象外だからです。「この男はマザコンだ！」と気づいたとたん、スッと候補者リストからはずされます。というのもマザコンは依頼心が強く、自分で判断したり決断するのが苦手で、行動力がないからです。要するに、自立心が薄いのです。

「もしもし、ママ？　今日、○○ちゃんとデートしてもいいかな」

「そんなことまでお母さんに聞くの、あんた。じゃ、お母さんと結婚しなさいよ」

そうやって結婚のチャンスを逃し、30代後半になっても結婚できず、ずっと一人ぼっちでいるケースはとても多いのです。

ポイント

お母さんが陥りやすい育児の罠は「息子を愛し過ぎる」こと
マザコン男は結婚の対象外になってしまう

愛情を注ぎ過ぎると息子はどうなる？

女性というのは、人を愛することによって自己の存在確認をすることが多い性です。一方、男性は未知の体験をすることによって存在確認する性です。女性は「ステキなもの」「うっとりするもの」に引き寄せられ、快感を得ることで満足しますが、男性は「面白いもの」「初めてのもの」に引き寄せられ、実際に体験して満足します。

ですから女性はときとして、愛情を「注ぎ込み過ぎる」ことがあります。恋人然《しか》り、夫然り、一人息子然り。

相手に悪影響を与えない適度な愛情ならいいのですが、奥さんがご主人とうまくいっていない場合、息子に過度の愛情を注いでしまう傾向があります。そしてそういう奥さんに限って、一人で打ち込める趣味や情熱を傾ける仕事がありません。

「うちの息子はこうで、ああで」「先日、息子が学校の先生から褒められまして」「うちの○○が第一志望の学校に受かって、とても喜んでおりますの」と息子さんの話しかしないお母さんに、私はこう尋ねます。

「お母さん、息子さんはあと何年かすれば、家を出て独り立ちします。そのうちに彼女ができて結婚し、自分の家庭を持つでしょう。そのとき、お母さんはどうするのですか?」

たいていの人は、ここで何も言えなくなってしまいます。自分自身が何をしたいのか、真剣に考えたことがないのです。

子どもを通して親が自己表現しようとするのは、賢いこととは言えません(どうしても表現したいなら、ひと世代おいた孫で表現すればいいのです。ほどよい距離で表現できます)。

なぜならたとえ親子でも、それぞれ別々の人生があるからです。

かわいいお子さんの自立を願うなら、あなたは干渉《かんしょう》をやめなくてはいけません。

「息子は私の生きがい」と息子さんをいじくりまくるのは、その子の将来を潰しているのと同じことなのです。

ポイント

お母さんも打ち込める趣味や情熱を傾ける仕事を持ったらいい 息子にかまい過ぎると、その子の将来を潰してしまう

一人娘の将来をダメにしてしまう愛の与え方

「あたし、あの子が着ているあのお洋服が欲しい！」

目が覚めると、その子の枕元には、きれいな包装紙に包まれたそのお洋服が置いてあります。

「あたし、ディズニーランドに行きたい！」

週末、その子は両親とディズニーランドのシンデレラ城でミステリーツアーを楽しんでいます。その子の願いは、何でも叶います。

その結果、「自分が欲しいと思ったものは必ず手に入るし、やりたいと思ったことは必ず実現される」と思い込んでしまうのです。

しかし、ほかに兄弟姉妹がいたらどうなるでしょう？

「ずるいよ、あたしのときは、お姉ちゃんのお古《ふる》で我慢したよ」

「ディズニーランドなんか興味ないよ。それより、尾瀬に釣りに行こうよ」

兄弟姉妹のいる子はお姉ちゃんやお兄ちゃんからそう言われ、「望んだことは必ずしも叶うわけではない」という現実に気づき、耐え忍ぶことや交渉の仕方などを学ぶでしょう。

しかし、兄弟姉妹のいない一人娘にはそれができません。

誰にも邪魔されることなく、自分の望みが安易に叶えられてしまう結果、「周囲が首を縦に振るまでだだをこねる」「自分本位の考え方しかできない」「まわりの空気が読めない」などの特性が身につき、結果、「わがまま娘」の烙印《らくいん》を押されてしまうのです。

ポイント

一人娘には、耐え忍ぶことや交渉の仕方などを学ぶ機会がない
自分の望みが安易に叶えられると「わがまま娘」になってしまう

わがまま娘には、人生の悪循環が待っている

わがままな子は周囲を気遣う能力がありませんから、「自分さえよければ」と自分本位になり、協調性がなくなりがちです。

その結果、「あの子と遊んでもつまらない」「すぐにすねたり、泣いたりするからイヤ」と周囲の子から煙《けむ》たがられ、浮いてしまいます。

たまに「○○ちゃんはわがままだよ」と誰かから言われても、「私のどこがわがままなの？」と首をかしげることしかできません。競合相手が身近にいないので、どういう状態を「わがまま」と言うのか認識できないのです。

「無理を言っても、集団のなかでは通らない」

「人によってさまざまな考え方がある」

「感情的になっても、物事は解決しない」

これらのことを早期のうちに親が教えてあげないと、将来は誰からも相手にされない娘になってしまう可能性があります。

また、「わがままな子は往々にして頭が悪い」という法則があります。頭が悪いからわがままになるのではなく、わがままだから頭が悪くなるのです。

わがままな子は「これが欲しい！」「こうしたい！」「こうでなくちゃイヤ！」と思考が単純化するので、「自分がこういう言動をとると、まわりにどのような影響が及ぶか」という柔軟な思考ができません。

想像力が欠如しているのです。

「こういうことを言ったら、相手はどう思うだろうか」

「そこまで無理を言って、相手に迷惑がかからないだろうか」

「どのあたりでストップすれば、周囲と角《かど》を立てずに済むか」社会でつつがなく暮らしていくためには、その辺の案配《あんばい》がわからなければいけません。

もし将来、その子が運よく結婚できて母親になれた場合でも、手放しで喜ぶことはできません。

わがままで頭の悪い女性に育てられた娘や息子もまた、わがままで頭が悪くなりやすいという悪循環《あくじゅんかん》に陥るからです（もっとも逆に、わがままな母親からは他人のわがままを受け入れるガマン強い娘に育つことがありますが……）。

ポイント

わがままだと誰からも相手にされなくなってしまう
わがままだから頭が悪くなる

わが子を「わがまま娘」にしないしつけ方

「学芸会の白雪姫はどうしても私がやりたいの！　それ以外の役なんか絶対にイヤ！」

「私だって白雪姫がやりたい！」

「私も！」

そう言って同じクラスの女の子たちがだだをこねた結果、その学芸会では、七人の小人と七人の白雪姫が、舞台に登場したそうです（笑）。

おかしくないですか？

原作者のグリム兄弟がそれを見たら、さぞかし驚くことでしょう。

「主役は一人なんだから、あなたは別の役をやってね」と先生が諭《さと》しても、「どうしても主役じゃなきゃイヤ！」と騒ぐため、仕方なく、複数にしたそうです。

実際に調べたわけではないのですが、そのとき白雪姫を演じたのはほぼ全員、長女か一人娘だったのではないかと推測しています。なぜなら一人娘の場合、これまで見てきたように「自分の願うことはすべて思いどおりになる」と思い込む傾向が強いからです。

子どものうちならまだしも、大人になって社会に出れば、自分の要求がストレートに通る確率は、ほぼゼロに近くなります。

「課長、私、営業まわりは疲れるから、企画の仕事がしたいんです」

こう訴えても、冷たい目でにらまれ、評価欄に×マークがつけられるだけでしょう。

一人娘は厳しい現実を知るたびに、へこんでいきます。挫折《ざせつ》することに慣れていませんから、傷つきやすいのです。

そのうちに自分の殻の外に出るのが怖くなり、無断欠勤する、会社を辞めてさらに条件の悪い会社へと渡り歩く、あるいは自宅に引きこもるようになるのです。

ひどい場合は、世の中を逆恨《さかうら》みすることでしょう。

そういう子は、学校や地域でグループ活動をするたびに傷ついてしまいます。自分の思ったとおりにならないからです。

「自分の思ったとおりにならないのは当たり前」と認識している子に比べると、友達もできにくいし、恋人もつくりにくいのです。

大人になってから性格を修復するのは大変ですから、まだ小さいうちに、「世の中は自分を中心に回っているのではない」「傷つくのはたいしたことではない」と教えてあげましょう。

一人娘を幸せにしたいなら、５歳までのしつけが肝心なのです。「ダメなものはダメ」とはっきり言って聞かせましょう。

5歳以上になると「じゃあ、これならいい？」と駆け引きするようになるので、その軌道修正に手間がかかります。

「たった一人の娘なのだから、何でも思いどおりにさせてやりたい」という親心はわかりますが、「思いどおりにならないこと」もきちんと体験させてあげることが必要です。

その子の願いが叶わなかったとしても、親はすぐに手助けしてはいけないのです。

ポイント

わがままな子が社会に出ると、現実についていけない
「思いどおりにならないこと」も体験させてあげるのが親心である

医者や弁護士の子どもが優秀なのは、遺伝ではない

子どもを通して親が自己表現しようとするのは、賢いこととは言えないと話しました。

では、親はどう生きるべきなのでしょうか。たいしたことでなくていいのです。小さいときからあなたが興味を持っていたこと、小さいときにやりたかったことは何でしょう? それをじっくり考えて、時間のあるときに実行してみてください。

私がお勧めするのは、まずテレビを消すことです。

「ああ、疲れた。子どもも塾に行ったし、ちょっとひと休みしよう」

リビングのソファにどたんと腰を下ろし、好きなお菓子をつまみながら、

ボーッとバラエティ番組やテレビショッピングを見る……。

楽ちんな過ごし方ですが、ちっとも生産的ではありません。時間を無駄にしているだけです。

モニターの前でボーッとしている暇があるなら、本を読む、絵を描く、自分で文章を書いてみる、興味のあるサークルに参加するなど、「やりたい」「やってみたい」と思うことを実行すべきです。

人生はこれからまだまだ長いのですから、テレビは老後のためにとっておきましょう。

私はいろいろな家庭のケースを見てきましたが、優秀な子どもの親御さんの特徴は、「常に忙しい」ことです。もちろんショッピングや噂話に忙しいのではなく、自分がやりたいことをやるのに忙しい、あるいは賢くなるために忙しいのです。向上心があるのです。

研究者や医者、弁護士、作家、あるいは有能な主婦のお子さんに優秀な子が多いのは、そのためです。「親が高学歴だから」とか「遺伝だから」ではありません。

次から次にやりたいことがあり、常に成長し続けているお父さんやお母さんの背中を見て育つ子どもは、やがて同じような行動をとるようになります。

「今日はこれをするぞ！」と自発的に燃えられるものを何か一つでも持っている人は、たとえ学歴がなくても、成績が悪くても、「知性のある人」だと私は思います。知性のある人は、どんな職業についても、豊かな生活を送ることができるのです。

テレビモニターに顔を向けたまま「帰ったの？　遊んでないで勉強しなさいよ！」と言うお母さんのもとでは、頭のよい子どもは育ちません。ボーッとテレビばかり見ている親のもとで育つ子どもは、やはりボーッとしています。

もしあなたが、「自分の息子（娘）を賢く育てたい」と思うなら、テレビをつけっぱなしにしたり、家族の団らんをテレビに頼るのはやめましょう。

私は長女が誕生する前、テレビを捨てました。今から二十数年前のことです。

「こんなものを見ても面白くないし、時間の無駄だな」と思ったからです。以来、現在に至るまでテレビのない生活を続けていますが、何の不自由もありません。

情報が必要なら新聞や雑誌、ネットを見ればいいですし、私が趣味として打ち込んでいる家庭菜園やうずらの世話は十分楽しいものですし、娯楽をしたいなら読書、音楽鑑賞など、限りなくあります。

ポイント

テレビを消して、やりたかったことを始めよう
優秀な子どもの親の特徴は、「常に忙しい」こと

家庭訪問でわかった子どもがバカになる家の共通点

私は以前、家庭教師として数百件の家庭を訪問しましたが、成績の悪い子に限って、ボーッとテレビ番組を見たり、テレビゲームで無為に時間を潰していました。

うつろな目でテレビ画面を見つめるその横顔を見て、「こんなことをしているからバカになるのだな」と私は思いました。しかし、親御さんは何も言わず、一緒になってバラエティ番組やテレビショッピングを見ているのです。

一方的に与えられる情報を何も考えずに受け取っていると、人はバカになります。自分で考える力、自分から何かを発見する力、創造する力が衰えてくるからです。

「この商品はこんなに優れているんですよ。今ならとってもお買い得！」という言葉に騙されて、買わなくてもいい商品を買い、損をする。

「ある町でこんな悲惨な事件が起こりました、今の若者は何を考えているかわかりませんね」としたり顔で言う「文化人」のコメントを聞き、どうしてそうなったかという背景を考えず、「そうそう、最近の若い者は本当になってない」と眉をしかめる。

しかし、無料サンプルの類《たぐい》がほとんど役に立たないように、無料で放送されるテレビ番組が私たちの役に立つことはほとんどありません。

ポイント

成績の悪い子ほど、テレビで時間を潰している
メディアの情報を何も考えずに受け取るだけだと、人はバカになる

賢い親ならやっている、子どもを「家族の一員」にする方法

男の子にしても女の子にしても、子どもをまるでペットのように猫かわいがりする親御さんがいますが、いいことは何一つありません。自我が育たないからです。

「〇〇ちゃんは、ママとパパの言うことを聞いていれば間違いないの」と何でもかんでもやってあげたり、子どものことに１００％の時間を費《つい》やしたりするお母さんがいますが、それではいけません。

男の子なら、家庭のなかで「持ち場」をつくってあげましょう。

例えば旅行に行くなら、「今度のお休みは、みんなで旅行に行こうと思うのだけれど、あなたはどこへ行きたい？」と、子どもの意見を聞きます。

「お母さんとお父さんの後ろについていらっしゃい」では、子どもはこれからどこに行くのかも、何を見に行くのかもわかりません。ドアがバタンと閉まり、再び開いたときにはもう現地に着いているようなものです。旅のプロセスを楽しむことができません。

そうではなく、子どもも家族の一員として集団行動に参加させ、役割を与えてあげましょう。

「前に行った高尾山が楽しかったから、今回も高尾山に行きたい。今度はケーブルカーでなく、歩いて頂上まで行きたいんだ」

そうやって本人の意見を聞き、ルート作りなどを考えさせることで、子どもは自分の存在意義を見出すことができるのです。

女の子の場合なら、家事を手伝わせるのはいい方法です。

「○○ちゃん、ジャガイモの皮をむくの、手伝ってくれる?」

「この煮物を、みんなのぶん、取り分けてくれる?」

そう責任を持たせることで、「やればできるんだ」「自分は家族の役に立っているんだ」と自己評価が高まり、むやみにわがままを言わなくなります。

もちろん、下手でもいいのです。失敗してもいいのです。

「ありがとう」「すごいね」「上手にできたね」などの褒め言葉で子どもは自信がつき、「次はもっとうまくなろう」「今度はこうやってみよう」と向上心が芽生えます。

ちなみにわが家の場合、子どもたちが14歳を越えた時点で、必要以上に関わることをやめました。そんなことより、自分たちの仕事や趣味に打ち込むほうが大事ですし、楽しいからです。

ポイント

男の子なら、家庭のなかで「持ち場」をつくってあげる
女の子なら、家事を手伝わせる

だだをこねる子どもに効く、とっておきの叱り方

先日、ショッピングセンターに行ったら、「あれ買って！」「これも買ってよ！」とだだをこねる子どもを見かけました。まだ5歳くらいでしょうか。お母さんは「○○ちゃんたら、困った子ねえ」と言いながら、ニコニコしています。

一昔前なら、「ダメなものはダメって言ってるでしょう！」と毅然《きぜん》とした態度をとるお母さんが多かったのですが、最近は、あまり子どもを叱らなくなりました。

その結果、「親が自分の欲しいものを買ってくれるのは当たり前」と思い込み、要求が通るまで店の前でごねる子どもが増えています。

私自身にも、経験があります。

長男が小学校に上がる前、一緒にスーパーに買い物に行きました。カートを押している私の後ろを、息子がちょこちょこついてきます。

レジで会計をしていると、入れた覚えのないものがカートのなかにいくつか入っていました。息子が後ろから、お菓子やおもちゃなど自分の欲しいものをどんどん押し込んでいたのです。

「何これ？　誰が買うの？」

「いいじゃん、このくらい」

「ふざけんな、返してこい！　誰が買っていいって言ったんだ！」

鬼のような父の形相《ぎょうそう》にびっくりした息子は、半べそをかきながら、レジから売り場へ戻しに行きました。

以後、欲しいものがあるときは「お父さん、これ、買ってもいい？」と私に聞くようになりました。

「うちの子は欲しがりで困ります」と相談してくる親御さんが増えています。

みんなが貧乏だった昔と違い、今はどの家にも、ある程度のお金がありま

す。お金を出せば、洋服でも食べ物でもおもちゃでも、欲しいものが手

に入ります。しかし子どもの「これ欲しい、あれ欲しい」にはきりがあり

ません。

お金で買えるもので子どもを喜ばせるより、お金では手に入らない素晴

らしい体験を味あわせてあげる。親が与えられる最大のプレゼントは、そ

れ以外にありません。

ポイント

親が叱らなくなって、ごねる子どもが増えている
親が与えられる最大のプレゼントは、お金ではない

善悪を子どもの本能に刷り込ませるポイントとは？

南米アマゾンのインディオたちは、子どもが人のものを盗んだり、自分より弱いものをいじめるなど、絶対にしてはならないことをしてしまったとき、その子の手に摂氏70度くらいの熱湯をバシャッとかけるそうです。体で覚えさせるのです。

また、北米インディアンたちは、子どもが反抗期になって扱いにくくなり、年長者の言うことを聞かずに悪いことばかりするようになったときは、部族の長老会で相談し、屈強《くっきょう》な男を一人雇うそうです。

その男の顔を、男の子は知りません。男の子が何かまずいことをすると、こっそり尾行していたその男がつかつかと歩み寄り、バシッ！　と一発殴るのです。

ビックリした男の子は、「悪いことをすると、知らない人から殴られる」と、それからピタッと悪いことをしなくなるそうです。

そのやり方が本当によいか悪いかは別として、子どもをしつけるときに重要なのは、論理的であるかどうかより、その子の本能に直接訴えかけられることだと思います。

論理的な思考ができる子なら、「これこれこういう理由だから、君のとっている行動は間違っているんだよ」と諭すこともできますが、善悪の区別のつかない子どもには、「ダメなものはダメ！」と強く何度も言い聞かせ、本能に刷り込む必要があります。

善悪の刷り込みは早いほどいいのです。「三つ子の魂百まで」というように、子どもの教育は3歳までが勝負なのです。

あなたが本当にお子さんのことを愛しいと思うのなら、かわいがるばかりでなく、善いものは善い、悪いものは悪いときちんと教えましょう。

大切なのは、あなたが子どもの悪さに気づいたら「その場で叱る」ことです。

しばらくたってから「○○ちゃん、ダメよー、そんなことしちゃ」と言っても、子どもには効きません。叱るタイミングを逸《いっ》すると、「これは許されることなんだ」と子どもは思ってしまいます。

していいこと、いけないことの区別は、その場で、親が毅然とした態度で教えてあげましょう。

ポイント

子どもをしつけるなら、その子の本能に直接訴えかける
子どもの悪さに気づいたら「その場で叱る」こと

かわいい一人息子がケンカをしたら、どうする？

先日、国語の授業に来た小学校6年の男の子が、右目を赤く腫《は》らしていました。

「あれ？　右目をぶつけてるな。どうしたんだ？」と聞くと、「殴られた」と言うのです。

「どうして殴られたの？」

「坊主刈りにしてきた同級生を、坊さんって呼んだ。そしたら殴られた」

「それだけで殴られた？　変だな。何回言った？」

「1日中」

思わず笑ってしまいました。「坊さん、坊さん」と朝からその子をからかい続けたら、さすがに6時間目で相手もキレたらしく、「いい加減にしろ！」と殴りかかってきたそうなのです。

その場にその子のお父さんがいたので、「いいことですね、殴られるのは」と言いました。お父さんも話のわかる人で、「殴られないとわからないですもんね」と、二人で大笑いしました。

「ケンカの経験のない男の子は、きちんと育たない」

これは私の持論です。

ケンカをして何がわかるかというと、髪の毛が抜けて頭がヒリヒリする、口の中に砂が入ってジャリジャリする、目が腫れて変な顔になる、泣き続けるせいで顔がむくむ。痛くて不愉快で悔しくて、もう最悪なものなのです。こんなこと、もうやりたくないと自覚するわけです。

ケンカでケガをすることもありますが、それも大事なことだと思います。

「こういうことをするとこれくらい痛いんだな」ということを知らないと、カッターでいきなり人を斬りつけてしまったり、ナイフで人を刺してしまったりするのです。

ですから、男の子のケンカは、自分と人の痛みを知るためにも、止めるべきではありません。

命に関わるほどの危ないケンカは大人が制止しなければいけませんが、ただ殴った、殴られた程度のケンカなら、それほど神経質にならなくてもいいのです。

しかしひとりっ子の親御さんは往々にして、監視が行き過ぎる傾向があります。ケンカ一つできない今どきの子どもは、かわいそうだなあと心から思います。

ポイント

ケンカの経験をすることで自覚できることがある
男の子のケンカは、痛みを知るためにも、止めるべきではない

友達づくりの下手な子どもへの特効薬

ひとりっ子は、友達づくりが上手ではありません。なぜなら同世代の人間に慣れていないので、どう声をかけたらいいか、どう一緒に遊んだらいいかよくわからないからです。

大人が相手なら、「どうしたの？　一緒に遊びたいの？」と先回りしてくれますが、子ども同士だと手探りで進まなくてはいけません。疲れるし、ストレスもたまります。

その結果、一人遊びをするようになります。子どもがたくさんいる公園で一人ぽつんとブランコに乗ったり、鬼ごっこのグループに混ざれず、隅っこでいじいじと砂遊びをしているのは、たいていひとりっ子です。

誰か一人でも友達ができて、その子とみっちり遊べるようになれば、「相手はこういうことをすると喜ぶ」「こうするとイヤがる」「こうすれば仲直りできる」などを学べますが、友達ができないと、いつまでたっても人づきあいが進歩しません。

子どもに友達ができずに困っている親御さんは、自治会が主催するイベント、例えば夏のキャンプに子どもを参加させ、共同生活を体験させるといいでしょう。

私の事務所でも、キャンプや焚《た》き火大会などのイベントを開催していますが、「先生、楽しい！」「またやりたい！」と子どもたちから大好評です。

「うちの子、ちょっと頼りないので、ボーイスカウトに入れようと思うのですが」と言う親御さんもいます。

たしかにボーイスカウト（またはガールスカウト、カブスカウト）に入ると心も体も鍛えられますが、最近では同じような境遇のひとりっ子が入隊してくるケースが増え、「ほかの子どもたちの足を引っ張ることが多い」

とこぼす関係者もいます。

彼らのモットーは「誠実であること」「友情に篤《あつ》いこと」「親切であること」ですから、困っている仲間を放っておくことはできません。「荷物が重くて持てなーい」「朝早くて起きられなーい」「靴のひもが結べなーい」とぐずる「ひとりっ子ちゃん」たちの面倒を見るのに手がかかり、本来の活動が思うようにできず、困っているのだそうです。

規律化された集団で子どもを鍛えるのは素晴らしいことですが、あくまでも「家庭できちんとしつけたうえでの入団」が前提です。「うちではしつけられないから」という理由で入れるのは言語道断《ごんごどうだん》。親のあなたの失敗を、他人に押しつけてはいけません。

ポイント

同世代の人間に慣れていないひとりっ子は、友達づくりが下手である
自治会が主催するイベント、キャンプなどに子どもを参加させてみる

わが子を引きこもりやニートにしないためには？

わが子が、将来引きこもりやニートにならないか心配している親御さんが増えています。

兄弟のいる子とひとりっ子、どちらが社会生活になじみやすいかというと、兄弟のいるなかで育った子のほうが有利なのではないかと思います。

例えば、男、男、女の三人兄弟がいたとします。次男の男の子は、お兄ちゃんとケンカしていつも負ける。体格や体力が違うので、どうやってもかなわない。自分が「白」と主張しても、お兄ちゃんが「黒だ」と言えば、飲まざるを得ないこともあります。

妹に対しては、自分は男なのだから守ってやらなくちゃいけないという意識が芽生えてきます。男女の心と体の違いも、なんとなくわかってきます。

そうやって、兄弟のいる子は人間社会の基本的なルールやマナーを学ぶことができます。

しかしひとりっ子の場合、そういう経験をできません。保育園や幼稚園、学校、あるいは塾では、そこまでディープな関係を築くことはなかなか難しいのです。

ひとりっ子の場合、子どもが何かを要求すると親がすぐに与えてくれますし、ひとこと言うだけで、親が要旨をくみとってくれます。自分より弱いものに対して、どう接すればいいのかもよくわかりません。

その結果、ひとりっ子は自分の思いどおりにならないことがあるとすぐすねたり、怒ったり、泣いたり、わがままを言って周囲を困らせることが少なくありません。

兄弟間で揉《も》まれている子なら、「世の中には思うようにいかないこともあるのだ」と我慢したり、「それは違う。僕はこう思う」と、きちんと口に出して説明することができます。

将来、どちらが豊かな人間関係を築けるかは明らかです。

「いいんだ、僕（私）はこのままで。家にいれば何でも欲しいものが手に入るし、誰にも気をつかわなくて済むから」

そう言って家から一歩も出ないでいると、将来、わが子が引きこもりやニート、パラサイトシングルになりかねません。

わが子をそんなことにしないためには、できるだけいろいろな子どもたちと触れ合う機会をたくさんつくることです。スポーツクラブに入れる、夏休みなどはどこかに合宿させ、集団生活を営ませるなどが有効だと思います。

ポイント

ひとりっ子は、社会生活になじみにくく人間関係を築きにくい
いろいろな子どもたちと触れ合う機会をたくさんつくる

いじめに遭いやすいひとりっ子への事前の対策

集団の意向がわからず、自分勝手なことをしてしまう子は攻撃対象となります。いじめられるのです。

ひとりっ子が「みんながしてほしくないこと」を平気でやってしまうのはなぜかというと、自分のことしか見えないからです。みんなと群れて遊ぶ経験が少なく、状況判断ができません。

兄弟がいれば、「これをすると、相手の神経を逆立《さかだ》てるのではないか」と察知して警戒できますが、ひとりっ子の場合はそれがわからないので自分の思うままに行動し、知らず知らずのうちに周囲の反感を買ってしまうのです。その結果、つつかれることになります。

いじめられる原因としてもう一つ考えられるのは、自分の意見を人前できちんと言えず、引っ込み思案であることです。

一度いじめられると、「自分はそんなにダメな人間なのだろうか」と傷つき、「下手に反抗してまた反感を持たれても困るから、おとなしくしていよう」と消極的になります。

反抗せず、されるがままになっているため、周囲は面白がってますますつつく。悪循環です。

やがて人を信じられなくなり、外に出るのが怖くなって家に引きこもったり、そのままニートになるケースは少なくありません。

長男がまだ小学校に上がる前、砂場で遊んでいたとき、こんなことがありました。

「お父さん、あの子におもちゃを取られちゃった」と泣きながら私に言ってくるので、「お前、男だろ。奪われたんなら、取り返してこいよ」と放ってきました。

しばらくして、「取り返したよ！　意外に簡単だった！」と喜んで戻ってきました。

それで自信がついたのか、たとえ相手が年上でもイヤなものはイヤと主張するようになり、もう二度とおもちゃを取られることはなくなりました。

いじめられない子どもを育てるには、親があれこれ世話を焼き過ぎないことが大切です。小さなうちからいろいろな子どもと遊ばせて、たくさん体験をさせましょう。

ポイント

自分のことしか見えないひとりっ子はいじめの対象になりやすい
自分の意見をきちんと言い、引っ込み思案を直すこと

子どもがいじめられたら、親はどう対処すべきか？

状況がうまく読めずに子どもがいじめられた場合、その親の対処が下手だと、傷ついたり引きこもりになることがあります。

絶対に言ってはいけないのが、「いじめられるお前が悪い」「お前はどうしていつもそうなんだ」「お父さん（お母さん）は一度もそんなことはなかった」など、子どもを否定する言葉です。

本来なら誰よりも自分をよくわかってくれて、味方についてくれるべき相手から否定されてしまっては、子どもは立つ瀬がありません。生きるのがイヤになってしまうでしょう。

そうではなく、「いじめられることも立派な経験」と前向きにとらえさせ、学校の人間関係はいつまでも続くものではないこと、地球上には学校のほかにもさまざまな世界が広がっていること、この世には「人をいじめる者は人からいじめられる」という因果応報《いんがおうほう》の法則が存在することを教えてあげましょう。

「人と人がつきあっていく以上、多かれ少なかれ摩擦《まさつ》は起こるものなの。世の中にはいろいろな人がいるということを、子どものうちに体験できてよかったじゃないの」

徒党を組んで人をいじめるのは劣等感の強い哀れな弱虫であり、いかなるときも一人で凛《りん》と立っているのが本当に強い人間であることを、ぜひ教えてあげましょう。

私自身も、子どものころ、いじめられたことがあります。そのころはたしかに辛かったのですが、やがて「いじめられて得をした」と思うようになりました。

なぜなら、自分とはいかなる人間なのかを考えるようになったと同時に、人を観察する能力が身についたからです。

どうすれば周囲の人間といい関係が築けるかも、わかるようになりました。芸術的な才能や、表現力の豊かな者は、いじめられにくいこともわかりました。いじめを回避するには、周囲から一目置《いちもく》かれればいいのです。ですからある意味、いじめられるのは自分を鍛え、成長させる絶好のチャンスでもあるわけです。

ただし、あまりにも理不尽《りふじん》ないじめや、お金や暴力がからんだ悪質ないじめの場合は、すぐに親が出ていき、命懸けでわが子を救わなければいけません。

ポイント

いじめられたとき、子どもを否定する言葉を言ってはいけない
周囲から一目置かれるように、自分を成長させる

いじめ問題を解決するもう一つの方法

わが子がいじめられていると気づいたとき、親は子どもからきちんと話を聞くことが大切です。

●なぜいじめられているのか
●具体的に、どういうふうにいじめられているのか
●誰からいじめられているのか
●そのいじめは不当なものか、それとも身に覚えのあるものか

話の内容から、いじめてくる相手が性格的に何か大きな問題を抱えているとか、金銭や暴力がからんでいるとか、よほど悪質なケースだとわかった場合は学校や専門の機関に相談するべきです。

そうではなく、子ども同士のいたずら程度なら、思い切って親子で相手

の家に行ってみるといいでしょう。そうすると、いじめてくる相手がどんな家に住んでいるかがわかります。つまり、相手の背景がわかるのです。

立派な家で、品のいい親が出てきて、「うちの子がひどいことをして、本当に申し訳ございませんでした。私のほうから、しっかり叱っておきます」と言ったら、「そうですか、ありがとうございます。必ず心が通じ合うご家庭だと信じておりました」と返せばいいのです。そのうち、地域のつきあいもできるでしょう。

しかし、10年間ほど野ざらしになっているようなものすごい家で、「ふざけるな！　うちの息子がそんなことするわけないだろう。俺を怒らせたらどうなるかわかってるのか！」などとすごんで開き直る親が出てきた場合はどうするか（実際にはこちらのケースのほうが多いかもしれません）。「こういう家だから、人をいじめても何とも思わない子どもができるわけだ。これじゃあしょうがないな」という認識が親子で共有できるわけです。

どんなにいじめられても「自分よりかわいそうな相手」なのですから、もう何も恐れることはありません。「かわいそうだなあ、他人に八つ当たりしないと心のバランスを保てないほど追い詰められているのだなあ」と、恐れが哀れみに変わってくるのです。

そんな哀れなやつがなお、いじめ続けてきたらどうするか。

相手の親と話しても時間の無駄です。早いうちに学校なり専門機関なり、第三者に相談して、力を貸してもらいましょう。わが子をいつまでも、問題児の不満や怒りのはけ口にさせておく必要はありません。「いざとなったら親の私がそいつをぶっ飛ばす！」くらいの覚悟で、わが子を守ってください。

ポイント

いじめられていると気づいたら、まず子どもの話をきちんと聞くいたずら程度なら、思い切って親子で相手の家に行ってみるといい

第3章

「人生頭」を伸ばせば、「勉強頭」も伸びる！

あなたの子どもは幸せな子？それとも不幸せな子？

「幸せな子ども」とはどういう子どもでしょうか？

「それは、やりたいことを自分でどんどん見つけて、自ら成長している子ども」です。自己表現力のある子どもと言ってもいいでしょう。

「不幸せな子ども」とは、やりたいことを自分で見つけられず、大人に押しつけられたことばかりしている子どもです。

小さいころから物を十分過ぎるほど与えられ、親から「これをしなさい、あれはダメ、それが終わったら次はこれ」と指示されて育った子どもは、自分が何をしたいのか、わかりません。大人になってもそれは変わりません。

「君は将来、何になりたいの」「学校を卒業したら、何をしたいの」と聞くと、「えーっと……、わかりません」と答えます。あるいは、「一流会社の重役！」「開業医！」「公務員！」など、親からいつも聞かされている言葉をそのまま繰り返します。

しかし、それはあくまでも親の価値観であって、子どもが本当にしたいことではありません。親の言葉が脳に刷《す》り込《こ》まれ、それをただオウム返しにしているだけです。

「かわいそうだな、自分のやりたいことが浮上してこないまま、あるいは押し流されて、大きくなってしまったのだな」と思います。

本来、子どもには、「これをしたい！」「こうなりたい！」というピュアな気持ちが備わっています。そこには、「そうすれば得だから」「立場的に有利になるから」という計算は全くありません。

しかし、「○○ちゃん、そんなことより勉強しましょうね」「そんな職業より、お父さんのように一流企業に勤めたほうが得なのよ」と、子どもの夢に横やりを入れる親御さんが少なくありません。

子どもの本能を理性で抑えてしまっているのです。これはその子にとってとても不幸なことであり、残念なことだと思います。

子どもの「やりたい」と思う気持ちに理由はありません。「世界中の虫を見てみたい」「大きな紙に思い切り絵を描いてみたい」「海の底に潜《もぐ》ってみたい」など、キラキラ輝く素直な気持ちを、どうか尊重してあげてください。

ポイント

「幸せな子ども」は、やりたいことを見つけて、自ら成長している親は、子どもの「やりたい」と思う気持ちを尊重してあげる

ダメな親はわかっていない「子どもが勉強する理由」

「お母さん、なぜ僕（私）は勉強しなければいけないの？」

子どもにそう聞かれたら、あなたは何と答えますか？

「いい学校に入って、お給料がたくさんもらえる、いい会社に就職するためよ」。きっと、そう答えるのではないでしょうか。でも、本当にそうでしょうか？

今の時代、「いい学校に入っていい会社に就職すれば、幸せな人生が送れる」と本気で思いますか？　それならばなぜ、一流校に入った子がたびたび事件を起こして新聞に載ったり、「エリート」と呼ばれるサラリーマンが働き過ぎで鬱病《うつびょう》になったり、自殺してしまうのでしょうか？

矛盾ですよね。

今の世の中は、「裕福さ」と「世間体」が一般的な価値基準になっています。しかし、お金があって物がたくさん買えれば幸せかというとそうではありません。世間体を気にして本音を隠し見栄《みえ》を張る人生が幸せかと言えば、そんなこともありません。

自分自身の価値基準を持たない大人たちは、「裕福であることが大事」「世間体をよくすることが大事」と自分の親から刷り込まれ、大いなる勘違いをしているように思います。勘違いをしたまま、自分の子に古い価値基準を押しつけてしまっています。

「学校から帰ったら○時から塾よ、そのあと家でまたお勉強しましょうね」

そうやって幼いころから知識を詰め込まれ、十分に遊ぶことのできなかった子どもは、たとえ一流大学を卒業しても、思うような会社に就職することはできませんし、結婚もままなりません。というのも、「自分はこれをやる!」という自発的な想像力や、他者とのコミュニケーション能力が欠落しているからです。

では、なぜ子どもは勉強しなければならないのでしょうか。

子どものときに勉強して身につけた知識や知恵は、やがてその子の一生の財産となり、幸せな未来への礎《いしずえ》になるからです。幼いころに体に染《し》みついたもの、頭の中に獲得したものは、誰にも奪われることがありません。

税金だってかかりません(笑)。優秀な民族であるとされるユダヤ人は、勉強の意味を子どもにこう説くのだそうです。

「頭がよくないと、人から搾取《さくしゅ》されてしまうよ。損をする側に回りたくないのなら、今のうちに学びなさい」と。

ポイント

「裕福さ」「世間体」を価値基準にするのは大いなる勘違いである
小さなときに身につけた知識や知恵は、その子の一生の財産となる

行動する子と考え過ぎる子、ここが分かれ目

「絵を描きたい！」「体を動かしたい！」「歌を歌いたい！」

子どもの「これやりたい！」に理由はありません。

大人は「こういう理由があるから、こうすると有利だから、これをする」というように理由と目的を結びつけますが、子どもは理性より本能がまさっています。ちまちま左脳で計算するのではなく、右脳でパッと浮かんだことをしようとするのです。

野球をするのだって、「ホームランを打てば内申書がよくなるから」ではなく、「カキーン！　と飛ばしたときの快感が忘れられないから」です。

絵を描くのだって、「将来、高く売れるかもしれないから」ではなく、「内面から湧き出てくるものを自由に表現したいから」なのです。理屈ではな

く、とてもシンプルでピュアな本能です。

自己表現できる手段を持っている子どもは、大きくなってから因果論《いんがろん》の罠《わな》にはまることはありません。しかし勉強ばかりしてきた子は、原因と結果ばかり考えます。

「なんで自分はこんなにダメなのか？　親のせいだ」

「どうして彼女ができないんだろう？　世の中の女性は見る目がないんだ」

「どうしていつまでも貧乏なんだろう？　会社がケチなせいだ」

因果論にはまると、うまくいかないことを他者のせいにしがちです。しかしそんなことをいくら考えても、意味がありません。なぜならすべての問題は、自分のなかにあるからです。

無駄なことを考える時間があるなら、あれこれ迷わずにサッサとやってしまえばいいのです。

「今の自分がダメなら、今の自分から脱皮すればいい」
「彼女ができないなら、もっと自分を磨けばいい」
「貧乏なら、もっとスキルを上げて稼げばいい」

考えるばかりで、ちっとも行動しない子どもが増えています。そんな簡単なことを、何でそこまで難しく考えちゃうの、という子もいます。
「ぐるぐる悩んでメビウスの輪に取り込まれる前に、思い切って行動したほうが解決は早いよ」と、よく私は生徒に言います。

ポイント

子どもは理性より本能でやりたいことをやっている
考えるばかりで、行動しない子どもが増えている

子どもが話し上手にならない、お母さんの困ったクセ

最近の子どもたちを見ていると、「しゃべれない子どもが増えたなあ」と思います。

「君は今日、ここに来るまで何をしていたの？　先生に教えてよ」

「……朝……起きて……歯を……磨いて……ご飯を食べて……」

「朝ご飯は何を食べてきたの？」

「……パンと……それから……」

「ハムエッグと生野菜サラダと牛乳とヨーグルトです、先生。でも、うちの子は食が細くて、いつもほとんど残してしまうんですよ。だからこんなに痩《や》せているのかしら」

子どもの答えがとぎれると、すぐにお母さんが代わりに答えます。私は

子どもと話しているのに、途中から親が入ってくるのです。

もちろんお母さんに悪気はないのですが、わが子がもごもご言っていると、歯がゆくなってしまうのでしょう。しかし、それではいつまでたっても子どもは話し下手のままになってしまいます。お母さんが代わりにしゃべっても、子どもは話し上手になりません。

子どもを社交的に育てたいなら、まず子どもに話をさせましょう。もごもごでもぼそぼそでもいいですから、子どもの話を根気よく聞いて、自分のことは自分で説明できるようにしてあげることです。余分に語れることは大切です。将来やがて優れたことを口にする基となります。

どんなに子どもが舌足らずでも、「ああなるほど、これこれこういうことでしょう?」と先回りしてはいけません。あくまでも子どもの口で説明させるようにすることが大事です。そのうち、どんどん滑舌《かつぜつ》がよくなってくるでしょう。

挨拶《あいさつ》のしつけも大切です。

家を出るときは大きな声で「行ってきます」、帰ってきたら「ただいま」。ご飯を食べるときは「いただきます」、食べ終えたら「ごちそうさま」。道で誰かに会ったら「おはよう」「こんにちは」「こんばんは」。人に何かをしてもらったら「ありがとう」。自分が人に迷惑をかけたときは「ごめんなさい」。

挨拶は人間関係の基本です。以上の挨拶がきちんとできるようになれば、多くの人といい関係が築けるようになれます。

そのためには、親が「行ってきます」と「ただいま」を大声ですることが必要です。この「エネルギー」は親だからこそ発することができるものです。つまり、親の「意志」です。

ポイント

お母さんが代わりにしゃべっても、子どもは話し上手にならない
人間関係の基本・挨拶をできるようにすれば、いい関係を築ける

子どもの人生を豊かにする習い事のさせ方

子どもに習い事をさせるのは、とてもいいことです。本人が「面白そう」「やってみたい」と興味を持ち、感情の高まりを得られるものなら、音楽でもスポーツでも絵画でも、なんでもチャレンジさせてみればいいと思います。

特に芸術系の習い事は、言葉で言い表せない複雑な思いや感情を表現するのにとても役立ちます。楽器が弾けるようになったり絵が描けるようになることは、算数の計算ができるのと同様の、あるいはそれ以上の価値があるのです。

歌を歌うことの素晴らしさを知っている人は、自分を奮《ふる》い立たせたいとき、あるいは人に勇気を与えたいとき、心と体を共鳴させて素晴らしいメロディを奏《かな》でるでしょう。

絵筆を握ることの素晴らしさを知っている人は、「何もかもイヤになった」「もう死んでしまいたい」というとき、絵を描くことで自分の気持ちと向き合い、筆の先からいろいろな色の感情を吐き出すでしょう。

自己表現の手段を持っている子どもは、どんな辛いことがあっても決して勝負を捨てません。怒りや悔しさ、悲しさなどの感情を上手に昇華《しょうか》させる方法を知っているからです。

ところが「趣味がない」「自分が何に興味を持っているかわからない」という子は、自分の心の中の感情を吐き出す術《すべ》を知りません。

「どうしてこんなにムシャクシャするんだろう」「この怒りをどこにぶつければいいのだろう」と迷ったあげく、人に八つ当たりしてしまうのです（いじめの加害者は、たいていこのパターンです）。

ですから、親御さんはなるべく早いうちにお子さんの自己表現の手段を見つけてあげて、それを伸ばすようにしてあげるといいでしょう。

先日、私が勉強を見ている子に「サッカーでゴールした瞬間、どんな気持ち?」と聞いたら、「全人類を救ったような気持ちだよ!」と答えました。私は一瞬絶句しました。ゴールした瞬間、ヒーローになった気がしたのでしょう。

しかもその気持ちは、テストでいい点数をとっても成績が上がっても決して体験できない、スペシャルなものなのです。

ポイント

芸術系の習い事をさせれば、自己表現の手段を持つことができる
自己表現できれば、やり場のない感情も昇華できる

小さな子どもを進学塾に通わせると、どうなる？

「ああ太った、もっと太っちゃったらどうしよう」

「お金がないと老後が不安だわ、もっともっとお金を貯めなくちゃ」

「うちの子が学校でビリになったらどうしよう」

女性は、常に不安を抱えながら生きています。

子どもがまだ小学生なのに、「落ちこぼれないように」と塾へ行かせようとするのも、たいてい父親より母親のほうです。

しかし、14歳以下の子どもに思い切り遊ばせることをせず、塾に通わせて詰め込み式の暗記を強要させるとどうなるか、知っていますか？

半年以上進学塾に通わせると、その半数近くが「壊れて」しまいます

（壊れた子どもは、競争に勝った負けたにかかわらず、顔を見ればすぐわかります。目が死んで、生気が宿っていません。そんな子は大きくなると、自分のことしか考えない、器《うつわ》の小さい大人になります）。

進学塾に通っても大丈夫なのは、上位30％以内に入る子どもたちだけなのです。

子どもを進学塾に無理矢理通わせた結果、「先生、うちの子、最近変なんです。ボーッとしていたかと思うと、いきなりキレてしまう。感情に変なムラがあるのです」と私に相談してくるお母さんが少なくありません。

「いったん塾をやめさせて、うちに来てください」

すると詰め込み学習でへとへとになった青白い顔の子どもたちがやってきます。私は彼らに、私が開発したサイコロ学習法やカタカムナ音読などをやらせます。この二つのツールなら、そんな子どもたちも夢中になって遊びながら学力もついていきます。

塾をやめたことで、友達と遊ぶ時間も、家族で出かける時間もできるようになります。やがて子どもたちの顔つきはみるみる子どもらしさを取り戻し、国語や算数だけでなく、理科や社会までも成績が上がっていきます。

「小学校で落ちこぼれないために」と長期間進学塾に通わせるのは、意味のないことだと私は思います。それよりも自分のレベルに合ったテキストを選び、自発的に学習する習慣をつけることのほうがはるかに有効です。あとは、わからないところを教えてくれる大人がいるだけで十分なのです。お母さんたちは、そのことを知っておいてください。

【サイコロ学習法】　10面体サイコロと20面体サイコロを転がして足し算引き算掛け算をする。その際、できるだけ早く答えるようにするというもの。勉強ではなく遊びとして楽しむなかで、子どもたちが自然に複雑な暗算を頭の中でできるようになる能力開発ツール。部分と全体を多重にネットワークする脳の仕組みを効果的に使った計算法なので、小学校で必要な「数の要素」や計算力が簡単に身につけられる。

【カタカムナ音読法】　国語力を増強する要《かなめ》となるメソッド。カタカムナとは、日本語源流の一つとされる超古代語をいう。一音一音を区切って音読することで、意味や解釈を追ってしまいがちな私たちの言語認識機能を縄文直感型に再起動させるもの。万葉集などの古典を時代の順に追って音読を体験すると、音読直感が可能になるとともに、現代文の読解力や日常会話能力を飛躍的に向上させることができる。

ポイント

子どもに詰め込み式の暗記を強要すると、半数近くが壊れてしまう
自分のレベルに合ったテキストを選び、自発的に学習させる

こんな「教育」が、子どもを壊してしまう

日本で有数の受験先進地域といわれる一帯があります。お金を持っている富裕層が積極的に子どもを進学塾に通わせ、わが子を麻布や開成などの進学校に進ませています。

しかし最近では、その極端な受験熱の弊害《へいがい》がささやかれ始めています。

「○○さんちのひとりっ子の××ちゃん、以前よりどこか顔つきが暗くなったわね。あんなに明るかったのに、道で会っても、挨拶もしないのよ」

「毎日毎日、学校と塾の往復で、家に帰っても寝る直前までみっちり勉強しているらしいわ。お母さんがお尻を叩いてかなり頑張っているみたい」

「△△さんのところの□□ちゃんは、今年に入ってから学校を休んでいる

って本当なの？」

「頑張って合格したのはいいけれど、不登校が続いて、結局、家族で田舎《いなか》に引っ越したそうよ」

小さな子どもに遊ぶ時間を与えず、ひたすら勉強を強制すると、こういう結果になることが少なくないのです。子どもの心が壊れるまで勉強させるのは「教育」でもなんでもありません。親の自己満足であり、虐待《ぎゃくたい》と言っていいでしょう。

先ほども書いたように、私のところにも、知識の詰め込み過ぎで心のバランスを崩してしまったお子さんや、学校生活のストレスからノイローゼになってしまったお子さんを持つ親御さんから、少なからず相談が寄せられます。

「こんなになるまでやらせるのは、ナンセンスだと思いませんか。脳に十分なキャパのある頭のよい子にやらせるならいざ知らず、脳に50のキャパしかない子どもに100のことを詰め込もうとするから、脳の回路がショートして壊れてしまうのです」

私がそう言うと、みなさんうなだれて、「自分が悪かった」とおっしゃいます。

たとえ、過酷な受験勉強で奇跡的に志望校に合格したとしても、そのあとの学校生活は「悲劇」が待っています。自分とはレベルが異なる優秀な子どもたちのなかで、常に劣等感を味わわなくてはならないのですから。やがて自分に自信が持てなくなり、ニートや引きこもりになったり、鬱屈《うっくつ》した毎日を送ることになるのです。

ポイント

受験先進地域では子どもの悲劇が急増している
子どもの心が壊れるまで勉強させるのは、親の「虐待」である

どんな進学塾もかなわない凄腕家庭教師の秘密

東京にある某お坊ちゃま学校で、東大に毎年二十人近くも入るほどの進学校があります。

私は家庭教師をしていたころ、そこの生徒を担当したことがあります。「君の学校の先輩たちは、なぜみんな東大にすいすい合格できるの？」と聞いたら、「学校から帰ったら、時給が超高い、超優秀な家庭教師に勉強を教わるから」と教えてくれました。

成績がビリの子をいとも簡単にトップに立たせたり、あるいは試験の問題まで当ててしまうようなすごい力を持ったプロの家庭教師が、この世には存在するのです。

そんな教師がマンツーマンで勉強を教えてくれたら、どんなにできない子も、イヤでもできるようになるでしょう。

複数の子どもを集め、詰め込み式の授業をする進学塾などに通わせるより、優秀な家庭教師にそばについてもらうほうが、学力が上がるのは当然です。どんなに評判の高い進学塾も、一人の優秀な家庭教師にはかないません。

しかし、優秀な家庭教師を雇うにはお金がかかります。私が知っているケースでは、月に２００万円くらいを家庭教師代に費《つい》やす家もありました。時間給２万円の家庭教師二人にそれぞれ２時間ずつ来てもらうと、１日８万円。25日で２００万円かかる計算です。

実は私自身も、裕福でお金に糸目をつけないご家庭に雇われて、家庭教師をしたことが数多くあります。

「こんなにお金を使って、惜しくないですか」と親御さんに聞くと、「うちは一人息子だから、教育費は１回きり。だからちっとも惜しくありません」と言っていました。

しかし、そこまで教育にお金を注ぎ込むのは、サラリーマン家庭ではとうてい無理な話です。不動産収入があるとか、会社を経営しているとか、よほど裕福な家でないと雇うことはできません。

それでは、普通のサラリーマン家庭やお金のない家の子どもたちは、いい学校に入れなくなってしまいます。それは不公平だと思い、私はV－netという教育相談事務所を立ち上げました。誰でも簡単に成績が上がるメソッドを開発し、高いお金を払わなくても雇える家庭教師の組織をつくったのです。

ポイント

スーパー家庭教師にはどんな進学塾もかなわない
優秀な家庭教師を雇うには、大金がかかってしまう

グングン学力が伸びる男の子の三つの力とは？

勉強ができるようになるために必要な要素は三つあります。

まず一つは、日本語力です。「勉強ができる」イコール「国語力がある」と言ってもいいでしょう。なぜなら算数も理科も社会も、すべての教科書は日本語で書かれているからです。

ですから、お子さんが小さいうちにたくさん本を読んであげたり、字を教えて文章を読んだり書いたりできるようにするといいでしょう。

二つめは、子どもの「なぜ？」を大切にすることです。

「そんなもん、お父さんにわかるはずがないだろう。学校の先生に聞きなさい」では、子どもの好奇心は行き場を失い、やがて衰えてしまいます。

「なぜ月は満ちたり欠けたりするの？」

「なぜ生きものは空気を吸ったり吐いたりするの？」

「人は何のために生きているの？」

なぜ、なぜ、なぜと疑問に思う気持ちをないがしろにしないためには、親御さんにもわからないことだったら「じゃ、お父さん（お母さん）と一緒に考えてみようか」とか「図書館に調べに行こうか」と、謎解きに協力してあげましょう。


三つめは、暗算力をつけること。

男の子の場合、「いちいち紙に数字を書きながら計算するのは面倒」と思う子が少なくありません。私が編み出したサイコロ学習法やそろばんなどを学習すれば、一ケタはもちろん、二ケタの掛け算も、頭の中でできるようになります。暗算力が身につけば、問題を見るだけで瞬時に答えを出せるようになります。

「数学的思考」とはアタマの中でやるもので、紙の上でやるものとは限りません。初期から紙と計算ばかり仕込まれると整数、自然数の「組成《そせい》」の仕組みがイメージできないのです。数学においては数値計算の上での脳内イメージが大切なのです。

読み書きの力、「なぜ」と考える力、そして暗算力。これらは、あらゆる教科におけるベースとなります。

この三つを小さいころから鍛えていれば、初期から高額な塾に通わせる必要はありません（そんな時間があるなら、大いに外で遊ばせましょう）。三つの基礎力が身についた子は、14歳を境に、グングン成績が伸びていきます。

ポイント

読み書きの力、「なぜ」と考える力、暗算力が、あらゆる教科の礎となる三つの基礎力が身についた男の子は、グングン成績が伸びていく

「ゆっくり成績が上がる」女の子に効果的な勉強法

それまでは目立たなかったのに、14歳くらいからウソのように成績が伸び始めるというのは、たいてい男の子です。女の子の場合、「魔法にかかったように、ある時点から急激に成績が上がり始める」というケースは、ごくまれです。

ほとんどの女の子は、「地道な努力」によってゆっくり成績を上げていきます。

その結果、小学校から中学校、高校、大学まで、できる子はコツコツ順調に学力を上げ、できない子はいつまでたってもできないという図式になりやすいのです。

ですから女の子の場合、「勉強できる環境」を小さいうちに整えてあげることがとても大切です。

「○○ちゃん、何時になったから勉強しましょうね」と定期的に机に向かうクセをつけてあげる、「昨日はここまでやったわね。おさらいをしたら、今日はここまでやってみましょう」と、流れを乱さないように勉強の道筋を立ててあげます。

そうやってコツコツ積み上げていくことによって、ちょっとやそっとでは倒れない強固なレンガの家ができあがります。

しかし親がボーッとテレビを見ていると、子どもにも勉強の習慣がつかず、いつまでたってもボーッとしたままです。

「気づいたときには下位集団」になってしまうと、女の子の場合は修復が大変です。男の子なら力技で瞬発力を出させることも可能ですが、女の子は一度落ちるとなかなか難しいのです。コンスタントに勉強している女の子と、圧倒的な差がつくからです。

「うちの子はどんどん成績が下がっている。このままではまずいのではないか」と気づいたら、1日30分でもいいですから、教科書の音読や漢字の書き取り、暗算などをやらせてください。親のあなたがリードしながら、一緒に楽しくやりましょう。


どうしても勉強がイヤ！　というときはどうしたらいいのでしょうか。

「ここまでやったら、おいしいケーキを買いに行こうか」

「これができたら、今晩は○○ちゃんの好きなカレーにしようね」

勉強の面白さがわかるまでは、そうやって食べ物で釣るのも「あり」です。

ポイント

女の子は「地道な努力」で、ゆっくり成績を上げていく
「勉強できる環境」を小さいうちに整えてあげるといい

素敵な女性に育てるために教えなければならないこと

「女の子の勉強は積み重ねが大事」と述べましたが、勉強に限らず、女の子を優秀に育てる秘訣は、我慢を身につけさせることです。つまり、忍耐力を育てるといいのです。

特に金銭感覚は、小さいころからきちんとしつけましょう。

例えば「これが欲しい！」「これ買って！」と娘さんからせがまれたとき、すぐに買ってはいけません。忍耐力がつかないからです。

「これは、今すぐ買わなくてもいいんじゃない？　よく考えましょうね」「今度のお誕生日まで我慢しましょうね」などと言って聞かせ、素直に我慢したときは「○○ちゃん、偉いね」「お利口ね」と褒めてあげるといいのです。

女の子は将来、結婚すると、家計を握ることが多くなります。そんなとき、「あれもこれも」と好きなだけ買っていたら、家計はたちまち破綻《はたん》してしまいます。

子どもが生まれれば、節約して貯金もしなければなりません。幸せな家庭を築くには、経済観念が発達していないとダメなのです。

ただし、「ケチになりなさい」「なんでもかんでも節約しなさい」と教えてはいけません。ふだんはよけいなものは買わないけれど、冠婚葬祭《かんこんそうさい》など特別なときには、相応のお金をきちんと払う。それができることは、人として美しく、尊《たっと》いことなのです。

私の知り合いのお嬢さんで、とある会社社長の御曹司《おんぞうし》から見そめられ、結婚した人がいます。彼女は、普通のサラリーマンの家の娘さんでした。

月の初めにご主人から「これでやりくりしてくれ」と、ポンと100万円を渡されたそうです。しかし、どう考えても、生活費で100万円は使えない。「無駄に使うのはもったいない」と、彼女が今までしてきたとおりにやりくりしたら、半分以上残ったそうです。

「これだけ余りました」とご主人にお金を返したら、感激されたそうです。「君は本当に素晴らしい。無駄遣いせずやりくりしてくれて、ありがとう。ご褒美《ほうび》に上げるから、着物でも買いなさい」

そう言って、さらに100万円くれたそうです。

ポイント

女の子を優秀に育てる秘訣は、我慢を身につけさせること
人として美しく、尊い「お金の使い方」ができる子にしよう

人生を豊かに生きるためのキーワード

就職の面接時（または大学の推薦入試）に必ず聞かれることがあります。それは、「あなたは、勉強以外に何をしてきましたか？」です。

「山岳部に入り、日本全国の山に登りました」

「ボランティアのNPO法人に所属して、高齢者に水泳を教えています」

「日本全国の神社をめぐり、御朱印帳《ごしゅいんちょう》がもう何冊もたまりました」

そうやって胸を張って言えるなら、「この学生は好奇心旺盛で行動力がある」「この人間は面白い」と受け止められ、どこの会社からも「ぜひ、うちに」と誘われるでしょう。

しかし「勉強一筋でした」では、何の取り柄にもなりません。「受験勉強に追われ、やりたいこともないのに大学に通い、評判だけで企業を選んだつまらない人間」と評価され、「はい、次の人！」とそっぽを向かれてしまうでしょう。

「面白い」は、人生を豊かに生きるための重要なキーワードだと私は思います。

サイコロ学習法のような面白い方法で掛け算、割り算を勉強すればグングン上達しますし、面白い作文を書けばみんなが読んでくれて、評価してくれます。

面白いことをすればみんなが注目してくれますし、面白い人生を送れば何より自分自身がワクワクして、家族も喜んでくれます。もっと面白くなろうと思って前向きに生きられます。

まさにいいことずくめなのです。

自分の人生を面白くしようとすることは、料理をおいしくしようとすることと似ています。アイスクリームを食べるときも、ミントの葉を乗せてみたらどうか。そう考えて、庭からミントの葉をちぎって乗せ、食べてみる。見た目がきれいだし、さわやかな香りが加わっておいしい！　と気づく。

小さなミントの葉を1枚乗せただけで、おいしさのレベルがアップするのです。

そうやって、「どうやったらよりよくなるか」「毎日が面白くなるか」とトライする習慣のある子どもは、将来、幸せになれる確率が高いと思います。

好奇心と発想力と行動力があれば、どこからもウェルカムされますし、どこへ行っても強く楽しく生きられるのです。

ポイント

「勉強以外に何をしてきたか？」に胸を張って答えられるか
「面白い」は、人生を豊かに生きる重要なキーワードである

夢を叶える「人生の設計図」の描き方

生徒たちが文系の大学に進学するとき、私はこうアドバイスします。

「文系はとかく時間が余りやすいが、だからこそこれからの4年間を無駄にするな。

もし君が将来、お金持ちになりたい、雇われる人間ではなく雇う側の人間になりたいと希望するなら、毎晩、1日90分くらいノートを広げて、将来何をして、どうすれば儲かるかを考えなさい。夢を叶えるには具体的にどうすればいいのか、その設計図をノートに書いていくんだ。

そうやって、これはすぐに実行できると思ったことは、まわりにいる友達と組んで実行しなさい。飲み友達、遊び友達も大切だが、いざというとき自分の夢を手助けしてくれる友達もつくっておくんだよ。お金で買えない財産になるからね」

なるほど、と生徒たちは神妙な顔をして聞いています。

「しかし、思いついたことがあまりにもダイナミックで時間がかかりそうだったり、自分のスキルがまだそこまで達していないと思ったら、卒業後、自分に必要なスキルを磨いてくれそうな会社に就職しなさい。

たとえそこで安い給料でこき使われても、学ばせてくれるうえにお金もくれると考えれば、損はないしやりがいもある。バイトや意に沿わない会社でいやいや働いて時間を費《つい》やすのはもったいないが、これは将来の自分のためになると考えれば、どんな経験も無駄にはならないんだ」

そう思って働けば泣き言は出ないし、上達も早くなります。会社から「こいつはできる」と一目置かれ、さらに重要なポジションに引き上げられるかもしれません。

そうやってどんどんスキルを高めていけばどこの会社に行っても通用し

ますし、何か一つでも人に負けない能力があれば、もう組織勤めにこだわる理由はなく、フリーエージェント（企業に属さず、自らの力で事業や人生の舵《かじ》を握る働き方）になるなどの道を選ぶこともできます。

「一流企業に勤めて頑張って働いても、役員にでもならなければどんなに多くとも年収はたかだか1500万円くらいだよ。

今どき1500万円では、リッチとは言わない。リッチというのは、年収3500万円以上のことを言うんだ。そこに到達するには、会社の経営者になるか、フリーエージェントになってガンガン稼ぐしかないね」と私が言うと、将来のお金持ちたちはみなそろって「頑張ります！」と真剣な顔でうなずくのです（笑）。

ポイント

夢を叶えるにはどうすればいいのか、設計図をノートに書いていく必要なスキルを磨ける会社に就職して、チャンスをつかむ

お金儲けをして愉快に生きるための選択肢

「先生、どんな職業に就いたらお金が儲かるの？」

「まず、人に雇われるという発想を捨てることだな」

どんなに有名な大企業に就職しても、いつリストラされるか、いつ倒産するかわからない世の中です。たとえそこで高収入を得ても、上から「もう来なくていい」と言われたらジ・エンド。また一から職場を探さなくてはなりません。

「出世して上層部に食い込めば、リストラなんかされないだろう」と考える人もいますが、大企業で重役になれるのは、全体の1％未満に過ぎません。宝くじを当てるようなものです。また、変動の時代、どんな大企業でも倒産・リストラの可能性はあります。

平社員の多くは、「どうか今日もリストラされませんように」と願いながら、社内の人間関係や仕事のストレスに耐え、1時間以上かかる満員電車の通勤を我慢する生活を何十年も繰り返すわけです。サラリーマンは、辛いのです。

ならば、経営者になるほうがよほどいいでしょう。

「いいか、君。将来、お金を儲けて楽しく生きたいなら、会社の社長になるか、医師免許とか弁護士の免許を取って、独り立ちして稼ぎなさい」

「そのためには、どうすればいいの？」

「まず、国語を勉強することだ。それから、友達をたくさんつくること」

私は仕事がら、経営者の親御さんと話をしたり、経営者の集まりに呼ばれることがよくあります。そこで知ったのは、どの人もみな、ものすごく話がうまいということです。

いったんマイクを握ると、「私は○○県の出身で、小さいころはこういうふうに育って、こんな出来事を体験して、こんな苦労をしながら今の会社を立ち上げました」と、学校の先生よりはるかに面白い話をするのです。四文字熟語に精通していたり、短歌、俳句に秀《ひい》でている人も少なくありません。やはりそのくらい話術が巧みでないと、人と交渉したり物を売ったりできないのでしょう。

ですから将来、経営者になるためには、日本語をよく勉強することが大切です。もう一つは、コミュニケーション能力を育てること。人の上に立つには、人の話を聞く能力と、周囲を納得させる交渉力がないとダメなのです。

ポイント

金儲けをしたいなら、会社の社長になるか、独り立ちして稼ぐ そのためには、国語の勉強、友達づくりに励むことである

ワクワクする人生を送る働き方とは？

先日、東大を卒業した私の教え子が「先生、テレビ局に就職が決まりました」と連絡してきました。

そこで、「ずっと同じところに勤めたら、人生は面白くないよ。そこで懸命に働いて、早く仕事を覚えて、一刻も早く自立できるフリーエージェントを目指してください」とアドバイスしました。

一昔前は「いったん大企業に就職したら、定年まで勤めあげる」が一般常識でしたが、今は違います。その企業が将来も変わらず繁栄し続けるという保証はどこにもありませんし、第一、同一の企業に勤め続けることが、楽しいことでしょうか？

同一の環境で同じような仕事をし、同じような顔ぶれの人間に囲まれて何十年も過ごして、はたしてワクワクするでしょうか？

年を重ねるごとに、希望と期待に満ちた人生が開けていくでしょうか？

「主人ったら、家に帰ったらすぐゲームを始めるんですよ」

「もう何年も、夫婦の会話がありません」

なかには、「夫は単身赴任中だから気楽です」なんて言う方もいます。

逆に、芸術活動など好きなことをやって食べている人は、たとえ裕福でなくても、いつも生き生きとしています。夫婦仲も、親子仲もよいことが多いです。やはり自発的に好きなこと、創造的なことをしていると、よけいなストレスがたまらないのでしょう。

最近は、無差別に人を傷つける青少年の犯罪が増えてきました。「毎日同じことの繰り返しで未来に希望が持てず、ムシャクシャして人を刺した」とか「職場の人間関係に疲れ、まわりを巻き添えにしてやろうと思った」と報道されていますが、それならいっそ彼らは職場を辞めて、新しい道を探せばよかったのです。

でも、世間の常識に縛られたり、自己評価が低いために勇気を出せず、できなかったのでしょう。

人は本来、自由に生きてこそ幸せなのです。

これは理想論でも何でもなく、それが人間本来の姿だと思うのです。

だが、そのためには、自由時間を生み出す効率的な労働と、自由時間にやるべきことを想起する力の両方が必要なのです。

ポイント

大企業に就職して定年まで勤めあげるのが、ワクワクすることか
人は本来、自由に生きてこそ幸せである

第4章

「よい親」をやめれば、ひとりっ子は賢く強く育つ！

子どもの受験に必死になる母親たちの盲点

「先生、うちの子を何としても○○中学に入れたいんです」

「絶対に合格できるように指導してください」

そう言ってキッと私をにらみつけるお母さんたちの多くには、ある共通点があります。

それは、自分自身で楽しめる趣味がないことです。

話を聞いてみると、たいていの場合、ご主人が忙しくて夜遅くまで帰ってきません。夫婦の会話もないし、一緒にご飯を食べることもないなど、触れ合うことがありません。そして本人には情熱を持って打ち込めることが何もないのです。

あるいは、自分自身の学歴に対してコンプレックスが強いこともよくあります。「自分はいい学校に行けなかったから、子どもには頑張ってもらいたい」と考えるのです。もしくは、自身の小さいころの親子関係、または恋愛経験によって人間不信になっていたりします。

いずれにしても、自分に自信が持てず、周囲の価値観に振り回されているお母さんがほとんどです。

その結果、子どもで自己表現しようとして、偏差値とかテストの点数とか学年順位とか、目に見える数字ばかりを追うようになります。そして思うように子どもの成績が上がらないと、さらに不安が募《つの》り、イライラします。ゆとりがなくなってしまうのです。

実は子どもが受験に失敗するのは、「本人の学力が追いつかないから」のほかに、親が不安を持ち過ぎて、イライラが子どもに移るからというケースも少なくありません。

「もし落ちたらどうしよう？」という不安が子どもに移り、子どもが緊張して試験場で実力を100%出し切ることができず、ミスをしてしまいます。とても気の毒です。

一方、子どもにかまい過ぎないお母さん、自分自身の世界を持っているお母さんは違います。

「子どもがすべて」「受験がすべて」とは思っていませんから、「いいのよ、落ちたって。落ちたら公立に行けばいいんだし、学校なんて腐るほどあるんだから」と、子どもの背中をポンと叩きます。「思い切りやって、それでダメだったら、あなたを落とす学校のほうが悪いのよ」と。

そう言われて送り出される子どもは、合格する確率が高いのです。

ポイント

子どもにかまい過ぎるお母さんは、楽しめる趣味を持っていない子どもが受験に失敗するのは、親の不安が子どもに移るからもある

子どもがゲームばかりする家庭にはこんな父親がいる

ダントツに多いお母さんの悩みは、何だか知っていますか？

「うちの子はゲームばかりして、ちっとも勉強しません」という相談です。

「では、お父さんは週末に何をしていますか？」と聞くと、「金曜の夜にゲームソフトを買ってきて、金、土、日と徹夜で遊んでいます」と言うのです。やっぱりな、と思いました。子は親の背中を見て育つのです。

「そういうご主人と一緒にいて、結婚生活はつまらなくないですか？」

「仕事で疲れて帰ってきて、これが唯一の娯楽なんだと言うものですから……」

マザコンならぬパソコン、というわけです（笑）。

テレビゲームやパソコンゲームに限らず、パチンコにはまる親御さんも少なくありません。朝の10時前に駅前を通ると、パチンコ店の外にずらりと行列ができています。

「ほかに何か生産的なことができないのかなあ」と他人事ながら心配してしまうのですが、よけいなお世話でしょうか（笑）。でも、もしその人たちの子どもがその姿を見たら、何と思うでしょう。「僕の親はかっこいいなあ」と、はたして思うでしょうか？

ゲームにしろパチンコにしろ、それらをしている姿がなぜかっこよく見えないかというと、創造的な行為ではないからです。自発的に「これをしよう！」というのではなく、すでにあるものを、お金を払って遊んでいるに過ぎません。

本人は心の底からそれを面白いと思っているわけではなく、「ほかにすることがないから」「それをしている間は、何も考えずに済むから」と思っているのではないでしょうか。

そういう時間とお金があるのなら、親子で動物を飼ってみたり、子どもと一緒にキャンプや旅行に出かけるほうが、よほど生産的ではないかと思います。

動物を飼うとエサをやらなければいけないし、フンの始末もしなければいけないし、散歩にも出なければいけません。面倒くさいです。キャンプや旅行だって準備に手間がかかるし、疲れます。しかし面倒なことには、それを上回るほどドキドキすること、ワクワクすることがついてまわります。

ゲームやパチンコでは、そういった感動を親子で共有することはできません。

ポイント

ゲームやパチンコにはまるお父さんを見て、子どもはどう思うか
親子で、ドキドキすること、ワクワクすることを共有する

ひとりっ子もしっかり育つ親子関係とは？

ひとりっ子をうまく育てている家庭というのは、父親が父親だけをやっていませんし、母親が母親だけをやっていません。

父親と兄、母親と姉、一人二役を使い分けています。そういう家の子どもはたいてい自立心があり、マザコンやわがままとは遠く離れたところにいます。

しかし、たいていの人は「まじめな父親」「まじめな母親」を一生懸命やってしまいます。

「お父さんの言うことに従いなさい」「お母さんの言うことを聞いていれば間違いないのよ」と、子どもを「子ども」として扱うのです。

子どもにしてみれば、家庭のなかに自分の役割がないのですから、責任感や向上心はなかなか芽生えません。

しかし、「今日はお父さんとテニスをしてみようか」「今日は料理をつくるのを手伝ってくれる？」と言うと、どうなるでしょう？

最初のうちはお父さんのボールを一つも打ち返せなくても、そのうちにだんだん上達してきて、やがて鋭い球を打ち返すことができるようになります。運よくゲームに勝つこともあるかもしれません。

あるいは、最初は危なっかしく包丁を握っていたけれど、「いい？　こう握って、こう切ればいいのよ」と料理を教えることで、野菜の皮をむけるようになり、魚をさばけるようになります。

今までできなかったことが、ある日突然できるようになります。自分の成長を実感できることほど、子どもにとってうれしいことはありません。

「できたじゃん！」「やったね！」「次はこれに挑戦してみようよ！」と手

に手をとって喜び合うとき、お父さんはその子にとって兄でもあり、お母さんは姉でもあるのです。

「親子」という関係にこだわらず、ときには個人対個人、1対1で子どもと向き合ってみてください。

やり方は簡単、一緒に共同作業をしてみるのです。そして子どもの意思を尊重し、能力を最大限に伸ばしてあげましょう。

そうすれば、ひとりっ子はたやすく独り立ちできるようになります。

ポイント

ひとりっ子をうまく育てている家庭は、親が一人二役を使い分けているときには一緒に共同作業をするなど、子どもと向き合ってみる

兄代わり、姉代わりのススメ

先ほども述べたように、「お父さんと子ども」「お母さんと子ども」という単純な図式の関係をずっと続けていると、子どもはなかなか成長することができません。

親の言うことを鵜呑みにするだけで、自分では何も決められない主体性のない人間に育ってしまいます。

少し面倒でも、親御さんは父と兄、母と姉の一人二役を演じることが大事です。

ここでは、どうすれば兄代わり、姉代わりになれるのかをもっと見てみましょう。

それには、一緒に遊ぶことです。

「今日は展覧会に行こうと思うけれど、お前も行くか?」

「図書館に一緒に行こうか?」

「俺は釣りに行くけど、ついてくるか?」

親の仕事として子どもを遊びに連れて行くのではなく、自分が楽しむついでに子どもも連れて行くというスタンスをとるのです。

一緒に絵を見て感動する、本が山ほどある空間で読書体験を楽しむ、岸壁に並んで座り、釣り糸をたれる。

それだけで、対等な個対個のつきあいができます。「このことについてボクはこう思うんだけど、お父さんはどう思う?」と、うち解けた話もできるでしょう。

そうすることで、ひとりっ子は自分と他者との違いを知り、自分を客観視することができるのです。

やってはいけないのは、子どもが絵を見ている間、自分はソファに座って考え事をしたり、子どもが乗り物に乗っている間、自分はベンチで新聞を読んで待ったり、子どもが釣りをしている間、自分は土堤でタバコをふかしたりしているなど。最低です。

「なんだ、お父さん、ちっとも楽しそうじゃないじゃん」

子どもは取り残された気分になり、がっかりしてしまいます。

責任感のあるお兄ちゃんなら、弟を放っておいて自分だけ別の遊びをすることは決してしないものなのですから。

ポイント

親が兄代わり、姉代わりになるには一緒に遊ぶこと
一緒に外出したとき、子どもを放っておいて自分だけ別のことをしない

「よい親」でいるより、子どもに見せるべきこと

私には娘と息子がいますが、「彼らにとって恥ずかしくない、いい父親でいよう」と思ったことはほとんどありません。

「自分のやりたいようにやる、生きたいように生きる」が私のモットーですし、そもそも私は「立派」からはほど遠い人間ですから仕方がありません。

先日、友達と飲んで深夜に帰宅したら、無性に甘いものが食べたくなりました。

何気なく冷凍庫の扉を開けると、アイスがありました。

そのアイスは息子の大好物で、たぶん翌日食べようと思って大事にしま

っておいたのでしょう。

私は躊躇《ちゅうちょ》することなくそのアイスを取り出し、食べ始めました。ものすごくおいしかったのですが、かわいい息子のために、しっぽのほうを残して冷凍庫に戻しました。

翌朝起きてキッチンに行くと、息子がしっぽだけのアイスを握りしめ、顔を真っ赤にして怒っています。

息子　お父さん、ボクが大切に取っておいたこのアイス、どうしたの？

娘　昨日の夜、お父さんが酔っぱらってむしゃむしゃ食べてたよ。

息子　何なの、それ！

私　半分残しておいたから、それでいいではないか。

息子　しっぽしか残ってないじゃないか！　いったいどこの世界の父親が、そんなことをするんだよ！

普通の父親なら息子に悪いと思うのでしょうが、私はちっとも申し訳ないとは思わないのです。

「ああ、アイスがある、食っちゃえ」と食べてしまうわけです。自己弁護するわけではありませんが、そうやって、私は彼の兄代わりを務めているのです。

「家にあるものが、すべて自分のものになるわけではない」「世の中の生存競争は厳しい」「油断大敵」「アイスはしっぽより先っぽがおいしい」という真実を、私は彼に身をもって示しているのです（笑）。

ポイント

よい親でいるより、自分のやりたいようにやる、生きたいように生きる
普通の父親なら息子に悪いと思うことも、ときにはやったらいい

チャレンジ心を育てる「かわいい子には旅をさせよ」作戦

人間の成長には「好奇心と追体験」「感受性と自己表現」が欠かせないと私は思います。
「湧き出る好奇心を実行に移して体験すること」「豊かな感受性を育て、なんらかの形（絵を描いたり音楽を奏でることなど）で自己表現すること」。男の子も女の子も、この二つが人生の柱になるのです。

しかしひとりっ子の場合、前者の「体験すること」の機会がどうしても少なくなりがちです。

お兄ちゃんがいれば「ここから出て、もっと先に行くと面白いことがあるよ」と教えてくれますが、一人だと本能的に危険信号が働いて、なかなか現在位置から踏み出せないのです。

親のほうも、かわいいわが子を危ない目に遭わせてなるものかと、ついつい過保護になりがちです。その結果、ひとりっ子は必然的に世間知らずになりやすくなるわけです。また、本から得た知識やネット情報を読むだけで、知ったような気分になってしまいがちなのです。

しかし、海の写真を見ても海の匂いや海水の味はわかりません。実際に海に入ってみなければ、本当の海の怖さや素晴らしさはわからないのです。

では、どうするか。

それには、これまで見てきたように、親が兄弟役を務め、上から目線ではなく対等目線で子どもと一緒に遊び、経験を積ませてあげればいいのです。

そして、慣れてきたら、一人で何かにチャレンジさせましょう。

電車や飛行機に乗って実家に一人で遊びに行かせる、同じような年代の子どもが集《つど》うキャンプに参加させる、あるいは情熱を持って打ち込んでいる習い事があれば、その全国コンテストにチャレンジさせてみるのです。

羽田のゲートで親と別れて飛行機に乗り、新千歳空港のゲートで祖父母と会うのでもいいのです。子どもにとって機内での1時間の体験はたとえようもなく大きいことでしょう。

成功体験のない子は、何かチャンスがめぐってきても「そんな大胆なこと、自分にはできない」とリミッターがかかってしまいますが、小さいころからいろいろな体験をしてきた子は、「面白そうだな、やってみよう」と自分を信じてチャレンジすることができます。

わが子をかわいいと思うなら、どんどん「旅」をさせるべきです。

ポイント

ひとりっ子は現在位置から踏み出せず、必然的に世間知らずになる
親が対等目線で子どもと一緒に遊び、経験を積ませてあげればいい

我が子に老後の面倒を心配させない親の生き方

「ひとりっ子は大変」と世間でよく言われる理由の一つに、「親の面倒を見なければならないから」があります。兄弟がいれば物理的、精神的に負担が分散されるけれど、ひとりっ子はすべてを一人で背負わなければならないと考えられているのでしょうか。

しかし私の経験から言うと、ひとりっ子でも兄弟がいてもケースバイケースで、一概に「どちらが楽か」は決められないと思います。

私の父は82歳で亡くなりましたが、晩年は体の自由がきかず、ほとんど寝たきりでした。父の面倒はしばらく母が見ていましたが、高齢のため体力が続かず、私も時間をやりくりして手伝うようになりました（私には妹がいますが、彼女は海外在住のため、帰国時しか面倒を見ることができませんでした)。

このように、たとえ兄弟がいても、ひとりっ子でも、遠く離れていたり、あるいは会社に勤めていれば、親の面倒を見られないこともあります。また、たとえ面倒を見られたとしても、介護となれば子どもにかかる負担はかなりのもので、大きなストレスがかかります。それは愛情のあるなしには関係ありません。介護とは否応なく大きな時間とお金とエネルギーがかかるものだからです。

ですから、親であるあなたが、必要以上に子どもに頼ろうとせず、「自分のことは自分で面倒を見る」という姿勢で、将来の人生設計を考えましょう。

一番大事なのは、「年をとったら誰かに面倒を見てもらおう」という発想を捨て、自分自身の健康をきちんと管理して、「寝たきりにならないようにしよう」と心がけることです。

私自身の理想は、80歳、90歳まで子どもたちの教育に携《たずさ》わり、ちょっとよろよろしたなと思ったら、3カ月くらいでコロッと死んでしまうことです（笑）。

そんなにうまくいくかどうかわかりませんが、高齢になっても、「テレビが唯一の楽しみ」と家の中でゴロゴロするような生活だけはしたくないのです。

「松永のじいさん、すげえな。年をとるたびにパワーアップしてるじゃん」と生徒から噂され、「ようし、今日はどこのガキをしごいてやろうか」とつぶやいたあと、風呂で突然ポックリ逝《ゆ》くのが夢なのです（笑）。

ポイント

親の面倒を見るのは、子どもの数とは関係ない
親は、子どもに頼らない人生設計をする

第5章

できる母親が目指すべき「本当のゴール」

ひとりっ子こそ、結婚したほうがいい理由

ここまで子どもが幸せな結婚をできるように育てることの大切さを折に触れて書いてきました。現在のお子さんを見てもピンとこない話かもしれませんが、やがてそういう時期が必ずやってきます。そのときに備えて、子育ての最終的な目標を子どもが幸せな人生を送ること、幸せな結婚をすることに置くのはとても重要なことなのです。

私はいつも、「人は結婚して子どもをつくるのが正当である」と述べています。その理由は、生命体の存在理由は、遺伝子を次世代に伝えることだからです。

フェミニストの方々からお叱りを受けそうですが、そう考えるのは私だけではなく、「人間の体は遺伝子の乗り物である」と割り切る学者もいます。

圧倒的な事実として、地球上の生命体はすべからくみな、そうやって種を保ち、進化・発展してきたのです。

メスとオスがくっつくのは生命体として自然であるというだけでなく、ひとりっ子の場合、どうしても結婚したほうがいい理由がもう一つあります。

それは、両親がこの世を去ったら、その子は天涯孤独になるからです。自分の家族はほかに誰もいません。

そして、もしその子が生涯独身で、子どもをつくらなかったら、そこで家系の流れはストップします。それはまるで、果実の実らなかった植物のようなものです。

どんなにやさしい子でも、どんなに力のある子でも、どんなに頭のよい子でも、その子で絶えてしまえば、その遺伝子が次の世代に受け継がれることはありません。

もちろん、遺伝子を残す代わりに、別のものを周囲に受け継いでもらい、後世に残すことは可能です。「別のもの」とは、例えばその人が培《つちか》ってきた知恵や知識、業績などです。

またひとりっ子ではなく兄弟姉妹がいる場合も話は別です。例えば私の妹は結婚していませんが、私が子どもを二人もうけたことによって、「同一遺伝子内で世代交代が行われた」と考えられます。

子どもをつくる能力があるのにあえてつくらないのは、とてももったいないことであり、切ないことだと私は思うのです。「なるほど、たしかにそうね」と共感する親御さんは、あなたのお子さんが将来、素敵な異性と結婚できるように育ててください。

ポイント

遺伝子を次世代に伝えるため、結婚して子どもをつくるべき
ひとりっ子は両親が亡くなったら、天涯孤独になってしまう

幸せな結婚ができない、ひとりっ子のダメな育て方

ひとりっ子政策を実施している中国で一番の悩み事は何かというと、離婚問題だそうです。

中国の新聞によると、中国の離婚率は1980年代は4・75％でしたが、最近は13％にまで増加しています。

「結婚したかつての小皇帝《しょうこうてい》たちはみな、家庭生活は決して楽しいばかりの場所ではなく、面倒な仕事が山積みの場所であることを知る。ひとりっ子は甘やかされて育つため、わがままで、自制力がなく、他人のことを思いやる能力に欠ける」と分析されています。

日本でも最近はひとりっ子が増えていますから、決して他人事とは言え

ないでしょう。

どんなに学校でいい成績をとって、「一流」と呼ばれる会社に就職しても、年ごろになって恋人もできない、結婚もできない、あるいは結婚してもすぐ離婚してしまう状態は、はたして幸せと言えるでしょうか。

将来、親御さんであるあなたやその伴侶《はんりょ》がこの世を去ったとき、40、50を過ぎた一人息子（娘）が、ぽつんと取り残された姿を想像してみてください。

安心できますか？

「ささやかでも、温かい家庭をつくってほしい」

「出世して偉い人になるより、孫を二人か三人つくってくれるほうがうれしい」

きっとこう思うのではないでしょうか。

20代や30代ではそれほど感じないかもしれませんが、年老いてもずっと一人で生きることは、かなりの精神力が必要になってきます。誰もがみな、気の合う仲間や友達に恵まれるわけではありません。

かわいがり、甘やかすだけでは、その子の将来が不安です。

今のうちから、魅力的な異性として見られ、愛されるに足る能力を持った男性（女性）に育てるべきではないでしょうか。

ポイント

結婚できない、結婚してもすぐ離婚するのでは、幸せとは言えない魅力的な異性、愛されるに足る能力を持った人間に育てるべき

甘やかされたひとりっ子の将来はどうなる?

先日、一緒に仕事をしている編集者と一緒に、とある中華料理店へ行きました(私一人なら絶対に行かないような超高級店なのですが、編集者が「すごくおいしいですよ」と勧めるので、社会見学を兼ねて行ってみたのです)。

編集者二人と私、計三人でワタリガニを食べ、紹興酒を少し飲んだら、会計はしめて6万円!

たしかにおいしかったのですが、普通のサラリーマンが気軽に行ける店ではありません。

私たちの隣のテーブルには、老夫婦と40歳くらいの娘さんが三人でテーブルを囲んでいました。三人とももう若くはないですし、親子ですから、会話が特別はずむということもなく、ひたすら下を向き、口をもぐもぐ動かしているだけでした。

「ちっとも楽しそうじゃないなあ」

そう思いました。

娘さんは、料理を食べている間じゅう、全くニコリともしないのです。ウエイターが料理を運んできても、「ありがとう」も言いません。

ずっとシングルなのか、出戻りなのか私にはわかりませんでしたが、あまり幸せそうな雰囲気には見えませんでした。

週末に一流の中華料理店で豪華な夕食をとるくらいのお金はあるけれど、子どもは40を過ぎても未だに結婚もせず、子どももつくらない。この先も、たぶん今と変わらない……。

それは本人にとって面白くないことですが、受け入れなくてはならない現実です。

だから、「せめておいしいものを食べよう」と値段の高い高級店に行くのですが、心にくすぶった欲求不満やストレスは、食べ物では癒《いや》されることがありません。

「ああ、このご両親は育て方を間違えたな」

私は心の中で思いましたが、もちろん口には出さず、紹興酒を飲みながら、若い編集者と馬鹿話に興じていました。

縁なくして独身で過ごしたり、逆にひどい男（女）と結婚して苦しむこともあるでしょう。しかし、老いを迎えたとき、世代交代がないのは寂しいものだと思いませんか。

ポイント

人生の大きな欲求不満やストレスは、簡単には癒されない甘やかされたひとりっ子の行く末は、「楽しくない人生」が待っている

わが子をモテル男の子にする秘訣

「子どもを結婚できない人間に育ててはいけない」と前に述べました。親であるあなたの使命は、わが子が将来、よいパートナーと結婚できるように育てることです。

というのも、「生命体の存在理由は、種の保存に寄与すること」なのです。例外もあるでしょうが、つきつめて考えると、大筋はそうです。

そうなると、育児の究極の目標は何かというと、「遺伝子を次世代に引き継げる人間に育てること」だと言えます。

しかし最近はひとりっ子の増加に伴って未婚率が急上昇し、30代前半の男性が結婚しない（できない）率は47％にも上っているそうです。

「経済格差が広がっているから」「趣味に生きる人が増えているから」「ガツガツする肉食系より、ナイーブな草食系が増えているから」などいろいろな理由が挙がっていますが、最も大きな原因は、「モテない男が増えているから」だと私は考えています。

簡単に言うと、女性から好かれる、魅力的な男性が減っているのです。

まず、最近の男の子は、女の子との接し方を知りません。男同士で話す場合は、「ヤマダー！」と呼びかけられたら「おう、何だー！」と仲間とふざけあいながら会話ができます。

しかし、女の子から「ヤマダくーん！」と話しかけられた場合は違います。「はい、何でしょう?」と、今まで仲間同士でふざけていたのを中断し、その女の子のそばへ行き、面と向かって話さなければいけません。

そうすると「ヤマダくんは人の話をきちんと聞いてくれる」「誠実である」と女子内で評判が上がり、無駄な努力をしなくてもモテるようになるのです。

女性が好むのは、「自分の話に親身に耳を傾け、自分の存在をまるごと受け入れてくれる男性」なのです。

「はい、私は今、あなたの話をきちんと聞いていますよ」という姿勢をとれるか否かが、結婚できる男になれるかどうかの分かれ目と言っても過言ではありません。

ところが、今は女の子の目を見て話せる男の子が非常に少ないのです。下を向いて、ぼそぼそ話すのがせいぜいです。

思い当たるお母さんは、「いい？　女の子と話すときは、体をその子のほうにきちんと向けて、目を見るのよ」と教えてあげましょう。

ポイント

未婚率が高いのは、魅力的な男性が減っているから
女性は、親身に耳を傾け、まるごと存在を受け入れてくれる男性を好む

女の子が好きになる男の子とは？

女の子に備わっている特性を、いくつか挙げてみましょう。

- うっとりする力
- 鋭い感受性
- 他者をいとおしむ

では、男の子はどうでしょうか。

- 強い好奇心
- 「体験してみたい」という欲求と衝動
- 行動力

よくできたもので、男の子に持ち得ない特性を女の子は持ち、女の子には持ち得ない特性を男の子は持っているのです。

男の子は絶えずちょろちょろ動いて、何か変わったもの、興味を引かれることを求めて歩き回ります（落ち着きがなく、目立ちたがりで、常に面白いことを探す男の子の特性を、私は「オチンチン力」と名付けています）。

一方、女の子は自分から汗を流してあえて懸命に動き回ることは、そうはしません。人から面白い話を聞くだけで、「まあ面白い」とビックリしたり、「素敵だわ」とうっとりすることができます。

それくらい感受性が強いのです。

したがって、女の子にモテるのは「体験が豊富な男の子」「行動力があり、なんでもよく知っている男の子」ということになります。

しかし近ごろの男の子は、「勉強しなさい」と無理矢理塾に通わされたり、「これをしてはいけない、あれもいけない」と窮屈なルールで縛られたり、退屈なゲーム機を与えられて時間を潰したりしているのが当たり前です。ちょっと元気があると、ＡＤＨＤ（注意欠陥・多動性障害）の烙印を押されてしまうこともあります。

これでは、男の子は本来の特性を発揮してのびのび育つことなどできません。最近、道を歩いている男の子たちの顔が精彩を欠いていると感じるのは、私だけでしょうか。

どうかお母さんたちには、息子さんのオチンチン力をできるだけ尊重して、男らしく育て上げていただきたいと思います。

ポイント

女の子にモテるのは、体験が豊富で、行動力がある男の子
男の子のオチンチン力を尊重して、男らしく育て上げる

いい結婚をするための三つの条件とは?

古代インドに伝わる「結婚の三つの条件」をご存じでしょうか? 「この三つのうち一つが相手の男性に備わっていなければ、娘の両親は結婚を許さない」というものです。

お教えしましょう。

まず一つめは、知恵。

経験不足で何も知らない男は、いざというとき女性を守ることができません。勉強ができる・できないではなく、人生経験が豊富にあるか・ないかがまず問われます。

二つめは、勇気。

どんな状況に置かれても、自分を信じて突き進むことができるかどうか。

もう一つ、「この道は間違っている」と気づいたら、ただちに引き返すことができるかどうか。愛する女性を幸せにするには、恐れずに決断し、道を切り開く力が必要なのです。

三つめは、一芸に秀でること。「知らない人とすぐにうち解ける」でも「歌が上手」でも何でもいいのです。「これだけは負けない」「情熱を持って打ち込める」というものを一つでも持っていれば、それは本人の武器となり、お金や物に頼らなくても豊かで充実した人生を送れます。

知恵、勇気、一芸。もちろん男性に限らず、女性にも必要なスキルでしょう。

日本の子どもたちは「勉強していい学校に入り、いい会社に就職しなさい。そうすれば幸せになれる」と大人から言い聞かせられて育ちますが、人生を豊かに生きる方法、社会でたくましく生きる方法については、何も教えられません。その結果、夢も持てないまま退屈で憂鬱な時間を過ごすようになるのです。

人はなぜ、この世に生まれてくるのでしょう?

私は、「人はみな、幸せになるために生まれてくる」と考えています。ならば、会社のために何十年も働いて、退職後は抜け殻のような人生を送るのは、間違っています。人は人生の最期に至るまで、自分自身の幸せのために努力しなければなりません。

知恵と勇気と一芸を身につけて、愛するパートナーと一緒に、最期まで人生を楽しむ。それこそが幸せな人生であることを、古代インド人はすでに見抜いていたのです。

ポイント

「結婚の三つの条件」とは、知恵、勇気、一芸である
人生を豊かに生きる方法、社会でたくましく生きる方法を子に教える

男の子にこそ家事を教えたほうがいい理由

30代前半の男性の二人に一人、女性の三人に一人が、結婚したくてもできないという話は、先ほども書きました。

その理由のベスト3は「異性に声をかけられない」（断られるのがイヤだから）、「他人に興味がない」（自分の世界に没頭するだけで満足）、「家事ができない」（男性も女性も）なのだとか。

特に三つめは大きな問題です。一昔前は「家事は女性の義務」と考えられ、仕事と家事の2本立て（もっと過酷な場合はプラス育児で3本立て）で苦労する女性が多かったのですが、今は男女平等が浸透《しんとう》し、「女性だけに負担を負わせず、家事は男女で分担すべきである」という考え方が主流になりました。

その結果、男の子も「料理や掃除、洗濯、アイロンがけなどの家事が一通りできること」が、結婚条件の一つになりました。そう、今どき、料理のできない男は結婚できないのです。

そんな風潮のなか、最近では男性も通えるクッキング教室が人気なのだそうです。

私も20代で結婚した当時は、家事はほとんどできませんでした。しかし、結婚して子どもが生まれてから、考え方が変わりました。

結婚は共同生活です。妻が育児に追われて疲労困憊《ひろうこんぱい》しているとき、夫が代わりに料理や掃除を担当するのは当然ではないかと考えるようになったのです。

夫と妻は常にコミュニケーションしていなければ、良好な関係を築けません。特に小さな子どもができるなど生活が激変したときは、お互いに意思や感情を通じ合わせる能力が求められます。そして、コミュニケーションは言語だけでは成り立ちません。行動がそこに伴っていないと、「あなたったら、口ばっかり」と言われるだけです。

自分も家事を分担すると決めたおかげで、私は今ではたいていの料理もつくれるようになりましたし、掃除も洗濯も苦になりません。むしろ、「大好き」（ウソ）と言ってもいいでしょう。

「鉄は熱いうちに打て」といいます。ぜひ、息子さんが小さいうちに家事を教えてあげましょう。将来、素敵な女性と結婚できる確率が高くなります。

ポイント

男の子も家事が一通りできることが、結婚条件の一つになっている
小さいうちに家事を教えてあげれば、将来、素敵な女性と結婚できる

料理のうまい男ほど幸せになれる

料理は私の趣味の一つです。

未開部族の人たちが無心に木を削って弓をつくるように、あるいは体にカラフルなアートを施《ほどこ》していくように、一心不乱につくります。

料理をつくっている間は、よけいなことを一切考えなくて済みますから、ストレス解消にももってこいなのです。

味見をして、「自分のつくるものはなんておいしいのだろう」と感動しつつ、家族をキッチンに呼んでこう言います。

「さあ、ぜひ食べてみなさい。君たちはこんなにおいしい餃《ぎょう》子《ざ》は食べたことがないはずだ」

「自宅で本場インド風のサブジ（スパイシーな野菜の蒸し煮、炒め煮）やサモサ（ジャガイモと挽肉を小麦粉の皮に包み、揚げたもの）が食べられるなんて、君たちはなんて幸せなのだろう」
「これは、ベランダでできたキュウリとナスの浅漬けだ。庭で飼っているウズラのフンが混じった水で育ったおかげで、ここまで豊かに実ったのだ」

こんなうんちくをたれては食べさせています（笑）。

「料理のうまい男は幸せになれる」。これは私の持論です。社会に出たら仕事も大切ですが、これからの男は料理も必須科目だと思います。

料理ができればコンビニ弁当を食べる必要がなくなりますし、恋人につくれば喜んでもらえます。結婚したあとは、家族とのコミュニケーションも活発になります。健康にもいいし、外食代だって浮きます。

いいことずくめです。

内閣府が実施した最近の調査によると、共働き世帯数が専業主婦の世帯数を大幅に上回り、その差は年々大きく広がっているそうです。

男性も女性も、生活費や生きがいを求めて、どんどん社会に進出しているのです。

「生活費を稼ぐのは男性の仕事」「料理や家事は女性の仕事」という一般論は、すでに過去のものになっているのです。

ポイント

料理のうまい男は幸せになれる
料理のうまい夫・父親がいれば、家庭はいいことずくめ

きれいなだけの女の子ではいい結婚はできない

女性という生命体に与えられた役割は、結婚して子どもを生み、命を次世代へつなげていくことだと私は思います（もちろん、例外もありますが）。

バブルのころは「高収入、高学歴、高身長」の3K男がもてはやされましたが、今は、「〈低〉姿勢（レディファースト）、〈低〉リスク（公務員や資格保持者）、〈低〉依存（お互いの生活を尊重し、相手を束縛しない）」の3T男が理想の男性像とされているそうです。

私自身は、女の子を結婚させる相手は、「〈家〉事ができる」「〈機〉転が利く」「〈グ〉ローバルな視野が持てる」「〈ケ〉ンカに強い」「〈子〉どもをつくる能力がある」のカキクケコ男がいいと思っています。

では、あなたの娘さんはどうすれば、いい男と結婚できるのでしょうか。

ルックスをよくすることでしょうか？

いいえ、違います。

今どきはメイクや整形技術が進んでいますから、いわゆる「箸《はし》にも棒にもかからない」女の子は減っています。平均値が上がっているなかでちょっとくらいかわいくても、たいした取り柄にはなりません。

それよりも、「面白いこと」のほうが大切ではないかと思います。

どんなにきれいでも、話していて「へえー、そうなんだー」「すごーい」「わかんなーい」しか返せない女の子は、男性からまともに相手にされません。レストランに入って「何がいい？」「えーと……、あなたと同じものでいいわ」では、場合によってはもう二度と誘われることはないでしょう。

「そういえば、先日こんなことがありました」と興味深い話をしてくれたり、「この魚料理なら、このワインが合うと思います」とさりげなく教えてくれる女性なら、「あ、この子、面白いな」「愉しい子だな」と思い、男性は「また会おう」という気になるのです。

人が知らないようなことを知っている女性、意外なことに精通している女性は、男性から見て非常に魅力的に映ります。

そのためには、親御さんは娘にいろいろなことを体験させることです。箱に入れて蝶よ花よと育てるより、一人旅に出す、興味のあることをとことん追求させるなど、次から次にチャレンジさせるといいと思います。

ポイント

ルックスをよくしても、たいした取り柄にはならない「面白い」女性が、男性から見て魅力的に映る

ひとりっ子が幸せになれる結婚相手とは？

「長男には長男の気持ちしかわからない」「末っ子には末っ子の気持ちしかわからない」と世間ではよくいいます。私も同感です。

逆に言えば、長男（長女）は長男（長女）の気持ちが理解できるし、末っ子は末っ子の気持ちが理解できます。ならば、「ひとりっ子の気持ちを最も理解できるのはひとりっ子」ということになります。

ひとりっ子は、ひとりっ子と結婚するのが一番いいのではないかと私は思います。お互いひとりっ子として育ってきたことの長所や短所を、誰よりも理解してくれるからです。

「親、うるさかったよね」「そうそう。あれはダメ、これは危ないって、何もさせてくれなかったわね」という会話が成り立ちますし、兄弟間で育った子が「この人、わがままだなあ。やっぱりひとりっ子だからかなあ」と不満に思うところを、「わかるわかる。私もこの人だったら、同じようなことを考える」と柔軟に対処できるのです。

ひとりっ子同士が結婚することの一番のメリットは、自分を客観視できることです。今までは家の中に同世代の相手がいなかったので認識できなかったのですが、結婚して一緒に住むことによって、「自分の姿」が見えてきます。そう、ひとりっ子の鏡はひとりっ子なのです。

また、結婚というのは共同生活です。

「手が荒れるから食器は洗いたくない」「お掃除は面倒だからイヤ」「かっこいいスーツを選んで買ってきてよ」「今度の旅行のスケジュールは君が全部組んでよ」など、お互いにわがままを言っていたら絶対に成り立ちません。

たび重なる夫婦ゲンカの末、「面倒だけど、これはきっと私がすべきことだわ」「自信ないけど、これは自分がリードして決めなければいけないな」と悟り、それぞれが欠点を自覚し、少しずつ修復し始めるでしょう。

つまりマザコン息子は判断力や決断力がついて自立心が芽生え、わがまま娘は他者に対するやさしさや思いやりの心が芽生えるのです。

やがてかわいい子どもが誕生すれば、親のあなたにはもう何も言うことがありません。

孫はあなたが頑張ってひとりっ子を育て上げた証《あかし》であり、未来への希望なのですから。

ポイント

ひとりっ子は、ひとりっ子と結婚するのが一番いい
ひとりっ子同士が結婚すると、自分を客観視できる

本書は、２００９年６月に小社より刊行した『ひとりっ子を伸ばす母親、ダメにする母親』を加筆修正したものです。

mini版

ひとりっ子を伸ばす母親

発行日	2011年3月22日　第1版第1刷
著者	松永暢史
イラスト	中根ケンイチ
デザイン	細山田光宣＋木寺 梓（細山田デザイン事務所）
編集協力	木本久美子、正木誠一
編集	小林英史
発行人	高橋克佳
発行所	株式会社アスコム 〒105-0002　東京都港区愛宕1-1-11
編集部	TEL 03-5425-6627
営業部	TEL 03-5425-6626　FAX 03-5425-6770
印刷・製本	中央精版印刷株式会社

Printed in Japan　ISBN 978-4-7762-0660-6

落丁本、乱丁本は、お手数ですが小社営業部までお送りください。
送料小社負担によりお取り替えいたします。
定価はカバーに表示してます。